财政税收与经济管理探析

李淑燕　著

吉林科学技术出版社

图书在版编目（CIP）数据

财政税收与经济管理探析 / 李淑燕著． -- 长春 ：
吉林科学技术出版社，2024.5
ISBN 978-7-5744-1393-1

Ⅰ．①财… Ⅱ．①李… Ⅲ．①财政管理－研究②税收
管理－研究③经济管理－研究 Ⅳ．① F810 ② F2

中国国家版本馆 CIP 数据核字（2024）第 102396 号

CAIZHENG SHUISHOU YU JINGJI GUANLI TANXI

财政税收与经济管理探析

著　　者　李淑燕

出 版 人　宛　霞

责任编辑　鲁　梦

封面设计　树人教育

制　　版　树人教育

幅面尺寸　185mm×260mm

开　　本　16

字　　数　210 千字

印　　张　9.75

印　　数　1~1500 册

版　　次　2024 年 5 月第 1 版

印　　次　2024 年 12 月第 1 次印刷

出　　版　吉林科学技术出版社

发　　行　吉林科学技术出版社

地　　址　长春市南关区福祉大路 5788 号出版大厦 A 座

邮　　编　130118

发行部电话 / 传真　0431-81629529　　81629530　　81629531
　　　　　　　　　　81629532　　81629533　　81629534

储运部电话　0431-86059116

编辑部电话　0431-81629520

印　　刷　三河市嵩川印刷有限公司

书　　号　ISBN 978-7-5744-1393-1

定　　价　56.00 元

前　言

　　财政税收与经济管理是现代社会中至关重要的话题之一。财政学和税收理论的研究不仅涉及政府如何筹措资金以满足公共需求，还关系税收如何影响经济体系的运行和发展。在全球化和数字化时代，财政税收政策不仅需要应对国内经济挑战，还需要面对国际税收合作、全球化和新兴技术的影响。深入探讨财政税收与经济管理的关系，不仅有助于理解政府财政政策的本质，还能够为政策制定者、学者和实践者提供有价值的见解和指导。

　　本书旨在系统地探讨财政学和税收领域的基本理论、税收制度的国际视野、税收征收与管理、财政政策对宏观经济的影响、税收优惠政策、环境税收以及税收与社会政策等重要主题。通过对这些主题的深入研究，我们将能够更好地理解税收在经济管理中的作用和影响。

　　在全球范围内，税收政策一直是各国政府争论的焦点之一。税收政策的制定和执行涉及资源分配、收入分配、社会公平、经济增长和环境保护等多方面的问题。在这个背景下，我们将探讨不同国家的税收制度和税收政策，以及它们在国际税收合作中的角色和挑战。

　　本书还将关注数字经济、跨国公司税收问题、可持续发展目标等新兴领域，探讨未来财政税收政策的趋势和挑战。在这个快速变化的时代，了解财政税收的未来发展方向对于政府和企业都至关重要。

　　我们希望本书能够为学者、政策制定者、企业领导者和学生提供一份全面而深入的财政税收与经济管理的参考资料。我们相信，通过对这些重要议题的探讨和分析，我们可以更好地理解财政税收与经济管理之间的关系，为建设更加公平、可持续和繁荣的社会做出贡献。

目　录

第一章 财政学与税收的基本理论

第一节 财政学的核心概念

一、定义与范畴

财政学是一门研究政府财政活动的学科,其范围涵盖了政府在收入、支出、债务等方面的理论和实践。财政学关注政府如何筹集和管理资金以满足公共需求,以及政府财政活动如何影响经济社会的运行和发展。

在财政学的研究范畴中,涵盖了广泛内容,包括但不限于政府税收、政府支出、财政政策、财政制度、财政管理、财政改革等。财政学通过对这些方面的研究,旨在为政府决策者提供合理的财政政策建议,以及为社会经济发展提供理论支持和实践指导。财政学的研究对象包括中央政府、地方政府、国际组织等公共部门的财政活动。这些部门通过税收、借贷、支出等手段,管理着国家财政资源,推动国家经济社会的发展。财政学的研究对象涉及了政府财政活动的各个方面和层面。财政学作为一门综合性学科,其核心在于研究政府财政活动的本质、原理和运行机制,以及财政政策对经济社会的影响和作用。通过深入研究财政学的核心概念,可以更好地理解政府财政活动的本质和意义,为实现国家经济社会的可持续发展提供理论支持和政策建议。

二、公共与私人财政的差异

公共财政与私人财政的差异体现在多个方面,从目标、手段到组织形式都有明显差异。在目标方面,公共财政的主要目标通常是实现国家的宏观经济目标和社会公共利益的最大化。这包括促进经济增长、实现社会公平、提供基本公共服务等。而私人财政的目标则更多地聚焦于个人或企业的利润最大化、资产增值等私人经济利益。在手段方面,公共财政通过征税、发行债券等手段筹集资金,这些手段具有强制性,公民无法选择是否缴纳税款。而私人财政则主要依靠市场交易、投资和借贷等方式来获取收入和利润，这些活动通常是自愿的，个人和企业可以自行决定是否参与以及参与的程度。在组织形式上，公共财政由政府机构负责管理，具有政治性质和公共性质。政府负责制定财政政策、管理财政收支、分配资源等，其财政活动具有公共性，影响整个社会和国家的经济发展和社会福利。而私人财政通常由个人、家庭或企业管理，具有私人性质和经济性质。私人财政活动主要为了实现个人或企业的经济利益，其行为更加灵活和多样化。

公共财政与私人财政在目标、手段和组织形式等方面存在显著差异。理解这些差异有助于深入探讨财政学的核心概念，更好地理解和分析政府财政活动的特点和规律，为财政学的理论和实践提供更加全面和深入的基础。

三、研究对象与内容

财政学的研究对象和内容非常丰富，涵盖了政府财政活动的各个方面，包括但不限于政府收入、支出、财政平衡、税收制度、财政政策等。财政学关注政府的收入来源。政府通过各种途径筹集资金，包括税收、借贷、国有资产收益等。税收是主要的一种收入来源，它通过征收各类税款来获取资金，例如个人所得税、企业所得税、消费税等。政府也可以通过发行债券、出售国有资产等方式来筹集资金。财政学研究政府的支出领域。政府支出包括各种开支，如基础设施建设、社会福利支出、教育、医疗等。政府的支出决策涉及资源配置的优先级和效率，对经济社会的发展和公共福利的提升具有重要意义。财政平衡也是财政学研究的重要内容。财政平衡是指政府收入与支出之间的平衡状态，即政府的财政收支状况是否稳定。财政学旨在研究如何实现财政收支的平衡，避免财政赤字和财政危机的发生。税收制度是财政学研究的另一个重要方面。税收制度包括税种、税率、税收征收方式等方面的规定和实施。财政学致力于研究税收制度的设计和改革，以实现税收的公平、效率和便捷。财政政策是财政学研究的核心内容之一。财政政策是指政府在财政领域所采取的各种政策措施，旨在调节经济运行、促进经济增长、实现社会公平和提高国家福利水平。财政学通过对财政政策的研究和评估，为政府决策提供理论支持和实践指导。财政学的研究对象包括政府的收入、支出、财政平衡、税收制度、财政政策等各个方面。通过深入研究这些内容，财政学旨在为政府决策提供理论支持和实践指导，促进经济社会的发展和进步。

四、基本原理与准则

财政学的基本原理和准则对政府财政活动的规划、执行和评估具有重要指导作用。这些原理和准则主要包括财政平衡原则、公共产品原则、税收公平原则等。

　　财政平衡原则是财政学的基本原则之一。它要求政府在财政收支方面保持平衡，即政府支出不应超过其收入，以避免财政赤字的发生。财政平衡原则强调了财政活动的稳健性和可持续性，有助于维护国家财政的稳定和健康发展。公共产品原则是财政学的重要准则之一。公共产品具有非排他性和非竞争性的特点，即一个人的消费不会减少其他人的消费，且无法排除任何人的使用。财政学强调政府应当提供公共产品，以满足社会公共需求，并通过纳税等方式筹集资金支持这些公共产品的提供。税收公平原则是财政学的核心准则之一。税收公平原则要求税收征收应当公正合理，对不同人群和不同收入水平的个体采取相对公平的税负分配。财政学强调税收政策应当遵循税收公平原则，确保税负合理分配，减小贫富差距，促进社会公平和经济发展。财政学的基本原理和准则包括财政平衡原则、公共产品原则和税收公平原则等。这些原理和准则指导着政府财政活动的规划和实施，旨在实现经济稳定、社会公平和国家繁荣。财政学通过对这些原理和准则的研究和应用，为政府财政政策的制定和执行提供了重要的理论支持和实践指导。

五、学科交叉与应用领域

　　财政学与经济学、政治学、社会学等多个学科密切相关，其交叉影响丰富了对财政活动的理解和分析。财政学与经济学的关系体现在资源配置和宏观经济稳定方面。经济学提供了财政活动背后的经济理论基础，财政学借鉴了经济学的理论和方法，分析财政政策对经济运行和资源配置的影响，研究如何通过财政手段促进经济增长、调节经济波动等。财政学与政治学的关系体现在政府权力和责任方面。政治学研究政府的组织结构、权力运行和决策过程，财政学在这一基础上分析政府财政活动的制度安排、政策形成和执行过程，探讨政府财政决策背后的政治动因和影响。财政学与社会学的关系体现在社会公平和福利分配方面。社会学研究社会结构、社会关系和社会变迁，财政学在此基础上分析政府的税收政策、社会保障制度等，探讨如何通过财政手段实现社会公平和福利最大化。

　　财政学与其他学科的交叉影响丰富了对财政活动的理解和分析，使财政学不仅局限于经济学的范畴，还涉及政治、社会等多个层面。这种跨学科的研究有助于深入探讨财政活动的本质和影响因素，为政府财政政策的制定和执行提供了更加全面和深入的理论支持和实践指导。税收负担，简称税负，是指纳税人因履行纳税义务所承受的一定的经济负担，一般以税额与税基或相关经济指标的比值来表示。按指标反映的深度来划分，税收负担一般可分为宏观税负、中观税负和微观税负三种类型。其中宏观税负是指一个国家在一定时期内税收总收入占当期社会新增财富的比重，是税收负担最主要的分类之一。它反映一个国家税收的总体负担水平，是分析国家宏观经济政策、财政税收政策的主要内容，也是研究国家税收制度和税收政策的核心内容。本研究对于税收负担的研究所采用的指标就是宏观税负。在有关宏观税负的文献中，我们发现有小口径的税收负担、中口径的税收负担、大口径的税收负担、名义税负、实际税负、总体负担、税费总负担等名称，在研究时也会用到其中某些名称，在此有必要对其进行说明。在西方国家政府收入形式比较规范的情况下，广义的税收负担是用政府财政收入占 GDP 的比重来衡量的，由于国外的政府收入与财政收入是同一个概念，而财政收入中的绝大部分是税收收入，所以一般意义上的税收负担应该用税收收入占国内生产总值（GDP）的比重来衡量。但我国情况有些特殊，由于我国政府收入形式还不规范，政府收入中除了税收收入之外，还包括相当数量的预算外收入以及制度外收入，因此，单纯用税收收入占 GDP 的比重来衡量并不能说明我国税收负担内在的实质性问题。基于以上的原因，大多数学者都认同，这里的政府收入，不仅包括财政收入，而且包括各级政府及其部门向企业和个人收取的大量的不纳入财政预算的预算外收入、社会保障费（基金）收入，以及各级政府及其部门以各种名义向企业和个人收取的没有纳入预算内和预算外管理的制度外收入等，即它是各级政府及其部门以各种形式取得的收入的总和。另外，以纳税人实际承受税收负担的量度为依据，可将税收负担分为名义税负和实际税负。名义税负是指按税法计算的纳税人应缴纳的税额，又称为小口径宏观税负。实际税负是指纳税人实际承担的各种税费，又称为大口径宏观税负。由于税法执行中常伴有优惠措施（如亏损抵补起征点和减免税等）和偷逃避税行为，以及客观存在非税收入（如预算外收入和制度外收入等），所以税收的名义负担率与实际负担率往往是不一致的。税收负担问题历来是关系到国计民生最尖锐、最敏感的问题之一。美国《福布斯》杂志公布的全球"税收痛苦指数"，中国一直被列为世界上税收负担最高的国家之一。从中国的宏观税收负担变动上看，自 1997— 2008 年，中国税收收入年均增长率高达 18.8%，而名义 GDP 的年均增长率为 12.2%，税收增长幅度大大高于 GDP，由此导致宏观税收负担不断上升。

第二节　税收的基本理论与原则

一、税收的定义与功能

税收是指政府依法向纳税人征收的一种财政收入，是政府为满足公共支出需求而对个人、企业和其他组织实施的强制性收入。税收在现代经济中扮演着至关重要的角色，具有多重功能。税收是政府重要财政收入来源之一。通过税收，政府能够筹集资金用于提供公共服务、基础设施建设、社会保障等活动，从而满足社会各个领域公共支出需求。税收在资源分配中起到调节作用。通过税收政策的制定和调整，政府可以调节财富和收入的分配，减小贫富差距，提高社会公平性和经济公正性。税收可以用作宏观经济调控的手段。通过调整税收政策，政府可以影响经济主体的行为，促进经济增长、控制通货膨胀、调节经济周期等，从而实现经济稳定和可持续发展。税收还可以用于实现社会和环境目标。例如，政府可以通过环境税收来内部化环境成本，促进环境保护和可持续发展；也可以通过社会税收来提供教育、医疗等社会服务，改善民生和社会福利。

税收作为政府的一种重要财政手段，具有多种功能，包括提供财政收入、调节资源分配、宏观经济调控、实现社会和环境目标等。深入理解税收的定义与功能，有助于把握税收在经济管理中的重要地位和作用，为税收政策的制定和实施提供理论指导和实践支持。

二、税收公平与效率

税收公平和效率是税收制度设计和税收政策制定的重要原则，对税收体系的健康发展和社会经济的稳定具有重要意义。税收公平是指税收征收过程中要求对纳税人实行公平原则，确保税收负担的合理分配。税收公平包括纵向公平和横向公平两个方面。纵向公平要求纳税人按照其能力承担相应的税负，即按照个人或企业的收入水平确定税率，高收入者应承担更高的税负，低收入者则应享受相应的减免或优惠政策。横向公平则要求相同的纳税人应当在相同的条件下享受相同的税收待遇，避免出现对不同纳税人采取不同税收政策的歧视现象。税收效率是指税收征收和利用过程中要求达到最大化社会经济利益的原则。税收效率体现在税收制度的简洁、透明和稳定，以及税收政策的合理和灵活。一个高效的税收体系应当能够最大程度地减少资源配置的扭曲和浪费，提高资源配置的效率，促进经济增长和社会福利的提升。税收公平和效率往往存在着一定的矛盾关系，在设计税收制度和制定税收政策时需要进行权衡。政府需要在保障税收公平的前提下，尽可能地提高税收的效率，实现税收制度的双赢。税收制度的设计和税收政策的制定应当充分考虑税收公平和效率的关系，采取相应的措施和政策，确保税收体系的稳健发展和社会经济的健康发展。小口径宏观税负现状。从1994 年税制改革以来，税收占 GDP 的比重经历了 1995 年和 1996 年的缓慢下降之后，进入了一个快速上升期，到 2007 年已经达到 18114%， 11 年之间提高了 618 个百分点，这在一定程度上有效地扭转了税收收入占 GDP 比重偏低的不利局面。毕竟在中国经济转轨尚未完成，社会主义市场经济体制不完善，小口径宏观税负的提升反映了国家集中财力能力的提高以及对宏观经济调控能力的增强。1990 年以来，我国税收收入、非税收入及总体负担情况、大口径宏观税负和非税负担现状。1999 年之前大口径宏观税负和非税负担的走势非常相似（毕竟非税负担作为大口径宏观税负的一部分），1993 年和 1997 年大口径宏观税负和宏观非税负担都出现下降，尤其是 1993 年的下降幅度非常大，非税负担从 1992 年的 17137% 骤降到 1993 年的 6171%，而总体负担从 29162% 降至 18175%，降幅分别达 10166 个百分点和 10187 个百分点。这与当时取消两金和清理乱收费有直接关系。如果大非税负担加上在统计资料中无法完全体现的制度外收入，则这一负担就更大了。

三、税收的种类与分类

　　税收作为政府收入的重要来源，涵盖了多种类型和形式。根据税收的性质和征收对象的不同，可以将税收进行多种分类。根据税收的性质，税收可分为直接税和间接税两大类。直接税是指直接征收于纳税人个人或企业的税款，如个人所得税、企业所得税等。间接税则是通过向商品和服务征收税款来间接影响纳税人，例如消费税、增值税等。根据税收的征收对象，税收可分为个人税和企业税。个人税是针对个人征收的税款，包括个人所得税、个人财产税等；企业税则是针对企业征收的税款，包括企业所得税、营业税等。根据税收的用途和目的，还可以将税收进行其他分类，如按照税收的收入归属可以分为中央税和地方税；按照税收的征收方式可以分为直接征税和间接征税等。不同类型和形式的税收在经济管理中具有不同的作用和影响。对税收的种类和分类进行深入研究，有助于更好地理解税收制度的构建和税收政策的制定，为税收体系的健康发展提供理论指导和实践支持。消费收入是消费的前提，收入水平决定着消费能力，并直接影响居民的消费信心、消费欲望和消费潜能，在西方的各种消费理论中，收入始终是一个关键决定因素。随着消费理论由绝对收入假说、相对收入假说向生命周期假说、持久收入假说的变迁，消费的决定因素也由具体的现期收入、过去收入丰富为抽象的总收入、持久收入以及各种收入的组合，税收作为国家强制参与国民收入分配的一种基本形式，肩负组织财政收入和调节收入分配的重要职能，理论上会在一定程度上影响居民收入水平。一方面，通过对居民征收个人所得税、财产税等收直接减少了居民的可支配收入，另一方面，通过对企业征收各种税收压缩了企业的利润空间从而可能间接影响居民从企业获得的收入。居民收入水平的变动会通过改变居民的消费能力和消费信心影响居民消费水平，但税收负担不仅能改变居民在国民收入分配中的绝对收入数额和相对收入份额，而且还会影响收入在不同居民之间的分配，扩大或缩小居民之间的收入差距。

四、税收的征收原则与方法

税收征收原则和方法是指导税收实施过程中遵循的一系列基本规则和方式，其合理性和有效性直接影响着税收制度的公正性和效率性。公平原则是税收征收的基本原则之一。税收征收应当按照公平原则进行，即依据纳税人的能力进行合理分配。这意味着税收征收的程度应当与纳税人的收入水平或财富状况相符合，使税收负担更加公平合理。简易原则是税收征收的重要原则之一。税收制度应当尽可能简单明了，便于征收和纳税人的理解。简易的税收制度有利于降低征税成本，减少漏税和逃税的可能性，提高税收征收的效率和效益。

合法性原则是税收征收的前提和基础。税收征收应当依法进行，遵循法律程序，尊重纳税人的合法权益。政府在征税过程中应当保障纳税人的合法权益，确保税收征收的合法性和正当性。税收征收方法包括直接征税和间接征税两种方式。直接征税是指直接向纳税人征收税款，征税主体和纳税人直接相关，如个人所得税、企业所得税等。间接征税则是通过向商品和服务征收税款来影响纳税人，征税主体和纳税人之间存在间接联系，如消费税、增值税等。税收的征收原则和方法包括公平原则、简易原则、合法性原则等，以及直接征税和间接征税两种方式。遵循这些原则和方法有助于确保税收征收的公正性、效率性和合法性，促进税收制度的健康发展和社会经济的稳定。公共支出作为收入再分配的一个重要手段，与居民消费密切相关。预防性储蓄理论认为，消费者储蓄不仅将收入均等分配于整个生命周期，还在于为了防范不确定性事件的发生，而这种不确定性主要来源于收入的变动。通过许多消费方面的经验研究发现，由于不确定性的存在，居民消费并不是平滑的，影响居民消费的不确定性不仅来源于未来收入的变动，也包括未来难以预期的支出变动，如果政府的公共支出能够通过构建完善的社会安全网弱化乃至消除居民未来收入和支出的不确定性，则有助于将居民的预防性储蓄转化为现实的消费支出。同时，政府的公共支出还可通过提供与居民消费呈互补关系的公共服务以及具有积极外部效应的公共产品有效地降低居民消费的外在成本，改善居民消费的外部环境，进而促进居民消费增加。税收收入作为公共支出的物质保障，理论上可以通过公共支出的配置和使用影响居民消费，但政府的公共支出是否一定会促进居民消费增长却并不具备必然性。一方面，政府的公共支出能否弱化居民未来收入和支出的不确定性取决于这些支出能否得到合理有效的配置和利用。另一方面，即便公共支出得到了合理高效的配置和利用，还必须考虑这些支出对居民消费影响的结构性差异。事实上，居民消费不仅涉及食品、衣着等私人品消费，还包括教育、医疗卫生、文化体育等公共品消费，不同类型公共支出对不同性质居民消费的影响不尽相同，某些类型的公共支出，比如针对特定居民的补助性支出，可以通过增加居民收入和缓解居民收入差距而对居民消费带来挤入效应，但有些类型的公共支出，比如教育、文化体育和医疗卫生支出，在其对应的公共品供给成本既定的条件下，反而可能对居民个人用于教育、文化体育和医疗卫生的消费支出产生挤出效应。进一步来看，由于政府在教育、文化体育和医疗卫生等领域的支出降低了家庭享受公共品的经济负担，无疑会增强居民在私人品方面的消费能力，但由此带来的居民私人消费品支出增加能否超过居民公共品消费支出的下降却难以确定，从国内外的实证文献来看，政府公共支出究竟是挤出还是挤入了居民消费，学者们并未形成一致观点。

五、税收政策的制定与调整

税收政策的制定与调整是政府在税收领域实施经济管理和财政政策的重要手段，其合理性和灵活性直接影响着税收体系的运行和社会经济的发展。税收政策的制定涉及税收的目标和方向。政府根据国家的经济发展和财政需求，制定税收政策的总体目标和基本方针，确定税收的总体规划和发展方向，为税收体系的建设和完善提供指导和依据。税收政策的调整包括税法的修改和税率的调整等内容。政府根据国家的财政状况、经济形势和社会需求，调整税收政策的具体内容和措施，以适应经济发展的需要，调节收入分配的不平衡，促进社会公平和经济稳定。

税收政策的实施涉及税收的征收和管理。政府通过税务部门和相关机构负责税收的具体征收和管理工作，包括征收税款、制定纳税申报制度、加强税收征管等，确保税收政策的有效实施和税收体系的健康运行。税收政策的制定与调整是一项复杂的系统工程，需要政府根据国家的经济和社会情况，审慎制定和调整税收政策，保持政策的连续性和稳定性，同时注重政策的灵活性和针对性，以适应经济发展的需要，实现税收体系的健康发展和社会经济的繁荣。基于中国 1998—2011 年省际面板数据的实证结果，从绝对额视角来看，人均财政收入的增加不仅没有抑制居民消费支出增长，反而对其表现出一定程度的挤入效应，不能想当然地将居民消费需求不足简单归咎于政府收入的快速增长，如果财政收入能够更好地取之于民、用之于民，完全有可能实现财政收入与居民消费的协同增长。许多发达国家的税负水平明显高于中国，但并未陷入因居民消费需求不足而影响经济增长的困境。政府收入快速增长本身无可厚非，问题的关键在于如何更规范地筹集税收以及怎样更合理地利用税收，中国作为一个发展中大国，经济社会发展所需要公共产品和服务数量和质量尚存在相当大的提升空间，今后一个时期，中国宏观税负不仅有上升的需要，也有提升的空间。未来一定时期内，中国的财税收入增速尽管可能趋缓，但仍会保持在一定水平之上，如何更好地实现财税收入增长与居民消费增长的协同对于扩大内需战略的顺利实施十分重要，为此，税收应尽可发挥其内在的调节功能促使居民能消费敢消费，愿消费。具体来说，一要继续实施结构性减税，降低中低收入阶层和居民生活必需品的税负，增强居民的消费能力；二要注重税收收入结构的调整，增加直接税比重，降低间接税比重，同时恪守税收的公平原则，真正实现量能课税，这既可以推动社会收入的公平分配，缩小居民收入差距，提升居民消费倾向，也有利于弱化税收对商品和劳务价格的影响；三要优化以税收为主要来源的财政支出结构，强化对与居民消费互补的公共品供给，构建完善的社会保障体系，改善居民消费环境和消费预期，激发居民的消费潜能和消费信心；四要加大对低收入群体的转移支付力度，强化政府支出在降低收入不平等方面的作用，提高低收入居民的消费能力和消费倾向，解决影响居民消费增长的短板；五要注重发挥税收在培育新的消费热点方面的积极作用，促进社会产品结构优化以及居民消费结构升级，以此推动居民消费支出持续增加。

第三节　财政政策与经济的互动

一、财政政策的定义与范畴

财政政策是指政府通过调整财政收支和运用财政手段来影响经济运行和社会发展的一种宏观经济政策。它是国家宏观经济政策的重要组成部分，与货币政策、产业政策等相互配合，共同推动经济发展和社会稳定。财政政策的范畴包括财政收入政策和财政支出政策两个方面。财政收入政策是指政府通过调整税收政策和其他非税收入政策来影响国家财政收入的一种政策手段。通过调整税率、扩大税基、改革税制等措施，政府可以增加或减少财政收入，调节国家财政收支平衡。财政支出政策则是指政府通过调整财政支出的规模和结构来影响国民经济的总需求和总供给的一种政策手段。通过增加或减少财政支出、优化支出结构、加强财政投资等措施，政府可以调节国家经济的总量和结构，推动经济增长和社会发展。财政政策的实施需要政府充分考虑国家经济发展的实际情况和政策目标，灵活运用各种财政手段，以达到促进经济增长、保持物价稳定、改善民生福祉等多重目标的综合效果。同时，财政政策的实施还需要充分考虑政策的时机、力度和效果，避免出现财政政策的过度收缩或过度扩张，以确保政策的有效性和可持续性。

二、财政政策对经济的影响机制

财政政策对经济的影响机制是多方面的。财政政策通过调整政府支出水平来影响总需求。增加政府支出会刺激总需求，促进经济增长；而减少政府支出则可能抑制总需求，对经济增长产生负面影响。此外，通过税收政策的调整也能够影响总需求。例如，降低个人所得税率或企业税率可以增加个人和企业的可支配收入，刺激消费和投资，从而增加总需求。财政政策也通过改变资源配置和激励机制影响总供给。政府通过调整财政支出的结构和方向，向特定领域或行业增加投入，可以直接影响相关领域或行业的生产能力和供给水平。同时，税收政策的调整也会影响企业的生产成本和效率，进而影响总供给。财政政策通过调整税收和支出结构，影响资源的配置和分配。通过税收优惠政策，政府可以引导资源向特定行业或地区倾斜；通过公共支出政策，政府可以调动各种资源，推动相关产业的发展。这些调整将影响经济资源的配置效率和社会福利的分配。

财政政策对经济的影响机制涉及总需求、总供给和资源配置等多个方面。政府在制定和实施财政政策时需要全面考虑这些影响机制，灵活运用各种财政手段，以实现经济增长、就业增加、通胀控制和社会稳定等多重目标的协调发展。

三、财政政策在宏观经济调控中的作用

财政政策在宏观经济调控中扮演着重要角色，通过调整财政支出和税收政策，以影响总需求和总供给，从而实现经济增长、就业稳定、通胀控制等宏观经济目标。

财政政策可以用来刺激经济增长。在经济低迷或衰退时，政府可以增加财政支出，加大对基础设施建设、科研创新、教育培训等领域的投入，以提高总需求，推动经济复苏和增长。财政政策可以用来促进就业稳定。通过增加政府支出，政府可以创造更多的就业机会，降低失业率，提高居民收入水平，促进经济社会的稳定和可持续发展。财政政策还可以用来控制通货膨胀。当经济过热、通货膨胀压力加大时，政府可以通过提高税收率或调整政府支出结构，抑制总需求过快增长，遏制通货膨胀的发展势头。财政政策还可以用来调整收入分配，促进社会公平。通过调整税收政策和社会福利政策，政府可以减少贫富差距，提高中低收入群体的生活水平，促进社会和谐稳定。财政政策在宏观经济调控中发挥着不可替代的作用，可以通过调整财政支出和税收政策，影响总需求和总供给，实现经济增长、就业稳定、通胀控制等宏观经济目标，为经济的健康发展提供有效支持。

四、财政政策的主要工具与手段

财政政策的主要工具与手段是政府在实施经济管理和宏观调控时所依赖的关键手段。这些工具和手段包括政府支出、税收政策、财政赤字和债务、财政补贴和奖励以及预算政策等。政府可以通过调整支出水平和支出结构来直接影响总需求和经济增长，通过增加或减少政府支出，来促进或抑制经济活动。税收政策也是调节经济的重要手段，政府可以通过降低或提高税率，来刺激或抑制居民和企业的消费和投资行为，从而影响总需求。政府还可以通过增加财政赤字和债务来增加总需求，刺激经济增长，但这也可能导致财政风险和经济不稳定。政府还可以通过提供财政补贴和奖励来促进特定行业或领域的发展，以及通过制定合理的预算政策来实现财政政策目标。这些工具和手段可以结合使用，以实现政府制定的经济政策目标，但需要综合考虑各种因素，平衡不同利益和目标之间的关系，以确保政策的有效性和可持续性。政府企业和个人是国民收入分配主体，税负可以反映政府和企业或个人的国民收入分配关系，从宏观税负来看，由于统计口径差异所引起的争议一直存在按大口径测算，2009 年中国宏观税负水平在 32.2%，这一结果表明负担偏重，而企业层面的状况又是如何呢？从理论上来说，由于税制表现为多维特征，可以从多种角度来观察和判断。从相关文献来看，对企业税负主要以下角度来衡量和判断：一是从分类角度，主要是对企业承担的单项或某类税收负担情况进衡量和判断，如对我国的增值税消费税营业税三个主要流转税税负衡量，以及对企业所得税税负衡量，主要衡量指标有流转税负担率和所得税负担率；二是从综合角度，主要是对企业承担的全部负担情况进行衡量和判断，包括税收和企业承担的各项费用，如企业缴纳的政府基金，各项社会保险费用以及企业承担的其他费用，具体衡量指标有综合税收负担率和综合税费负担率，前者被称为小口径的企业综合税负，后者被称为大口径的企业综合税负，由于企业税收分类负担仅限于分析企业某一方面的税收负担，它不能衡量企业总体负担，企业综合负担则能够弥补分类负担的缺陷，综合税收负担率能够反映政府通过税收形式参与企业收入分配的比重关系，而综合税费负担率能够全面反映政府参与企业收入分配比重，在国民收入分配制度尚不健全的情况下，政府除了以税收形式参与企业收入分配外，还存在大量其他参与分配途径或形式，包括负担的各种政府基金和社会保障缴费等。在实际中，企业综合负担率有三种不同的计算方式：第一种是用企业负担的税收或税费与企业纯收入比例来计算，第二种是用企业负担的税收或税费与企业利润比例来计算，第三种是用企业负担的税收或税费与企业营业收入比例来计算。以 2009 年人均 GDP 为准，对 171 个国家样本进行归类。具体而言，将年人均 GDP 在 10000 美元以上的国家划归为发达国家，年人均 GDP 在 5000~10000 美元的国家划归为中等发达国家，年人均 GDP 在 5000 美元以下的国家划归为发展中国家。在此基础上，对不同类型国家的企业利润税收负担率进行整理和计算

五、财政政策的时机与效果

　　财政政策的时机和效果是政府在经济管理和宏观调控中需要密切关注的关键因素。时机的选择关乎政策的实施和调整时机，取决于经济周期的阶段和国家的实际情况。在经济增长放缓或衰退时，政府可以采取增加财政支出、降低税收或增加财政赤字等措施来刺激经济活动，促进经济复苏；而在经济过热或通货膨胀加剧时，则需要通过减少支出、提高税收或缩小赤字规模等方式来抑制经济过热，控制通货膨胀。政府在制定财政政策时需要充分考虑政策的可行性、适用性和协调性，确保政策的有效实施和预期效果的达成。财政政策的效果还取决于政策实施后对经济运行和社会发展的影响，政府需要及时调整和修正政策，以保持政策的有效性和可持续性。政府还需要考虑外部环境和国际形势的影响，及时调整财政政策以适应外部环境的变化，保持国内经济的稳定和可持续发展。综上所述，财政政策的时机和效果是影响政府经济管理和宏观调控的重要因素，政府需要综合考虑各种因素，以实现经济稳定和社会发展的目标。（1）近几年来，世界各国的企业利润税收负担率总体呈现下降态势，2005 年至 2009 年，发达国家累计下降幅度最大，发展中国家中等发达国家最小，表明近几年来世界各国的税制改革减税倾向较为显著。（2）对于不同类型国家，呈现经济越发达，企业利润税收负担率越低的总体特征，但这一特征并未在不同收入水平样本国家之间呈现，本研究模型验证的结果是，企业利润税收负担率与人均 GDP 呈现反向关系，这表明，在不同国家政府与企业分配关系的影响因素中，经济以外的因素可能在某些国家影响更大。（3）一国的最高税率对企业利润税收负担率的影响显著，当最高边际税率下降时，企业利润税收负担率也同步下降，这一结论通过模型得到验证，这表明税率是政府与企业分配关系的重要体现。（4）从国际比较来看，中国企业利润税收负担率一直偏高，最高边际税率从 2007 年的 33% 下降至 2008 年的 25%，降幅达 24.2%，但企业利润税收负担率降幅仅为 1.6%。此外，本研究模型检验结果显示，第二产业比重较大的国家，其企业利润税收负担率普遍较高，从这些国家的税收实践来看，可能与这些国家普遍实行以流转税为主的税制有关。

第四节 税收政策的经济影响

一、税收政策对经济行为的影响

税收政策对经济行为的影响十分显著。税收水平和税制设计直接塑造了个人和企业的收入和成本结构。高税收水平会削减个人和企业的可支配收入，降低其消费和投资能力，从而对经济活动产生负面影响。相反，低税收水平则可能刺激个人和企业增加消费和投资，促进经济增长。税收政策的公平性和透明度对经济行为同样具有深远影响。公平的税收政策能够增强个人和企业的信心，激发其积极性。而透明的税收政策有助于减少税收规避和逃漏行为，提高税收征收效率，为经济的稳定和发展提供保障。税收政策还通过税收激励和惩罚机制影响个人和企业的行为选择。政府可以通过税收优惠政策鼓励企业加大投资和创新活动，提升产业竞争力；通过提高某些商品或行为的税收负担，也能够引导个人和企业改变消费和生产行为，推动经济结构调整和社会发展。税收政策通过税收水平、公平性、透明度以及激励机制等方面的调控，直接影响着个人和企业的消费、投资、生产和就业决策，进而影响着整个经济体系的运行和发展。

二、税收政策对资源配置的影响

税收政策对资源的配置和分配具有重要影响。税收政策直接影响着个人和企业的资金流动和资源配置。通过税收水平和税收结构的调整，政府可以引导资源向特定领域或行业倾斜，促进相关产业的发展。例如，降低某些行业的税收负担或提供税收优惠，可以鼓励该行业的投资和创新活动，推动经济结构的优化和升级。税收政策还可以通过税收激励机制来影响资源的配置。政府可以通过实施税收优惠政策，如对研发创新、绿色环保和技术进步等领域提供税收减免或抵免，来鼓励企业增加相关投资，提高产业技术水平，促进经济发展和竞争力提升。此外，税收政策的透明度和公平性也影响着资源配置。公平和透明的税收政策能够提高企业和个人的信心，增强他们的投资意愿，有利于资源的有效配置和利用。相反，不公平或不透明的税收政策可能导致资源配置的不合理性和浪费，影响经济的健康发展。税收政策通过税收水平、税收结构、税收优惠等方面的调整，影响着资源的配置和分配。政府需要审慎制定税收政策，合理调配资源，促进经济的稳定和可持续发展。我国是一个典型的发展中大国，国际税收竞争的发展变化对于我国的经济发展具有重大影响。作为世界上经济增长最快的国家，应当根据我国国民经济发展和在国际经济中的地位确定我国的税收竞争策略，既要符合目前的实际情况，又要有一定的前瞻性。因此从发展的角度分析我国在国际税收竞争和税收协调中的利益和定位，对于制定有效的竞争和协调策略具有重要意义。根据我国吸引外资和经济发展的环境变化，可以将我国的国际税收竞争和协调分为两个阶段：第一个阶段是从改革开放初期到加入WTO之前。这一阶段的主要特征是：尽管人口众多，但经济落后，消费者购买力不足，国内市场相对狭小；国内已基本形成较为完整的产业体系，但效益低下，技术较为落后，特别是面临着巨大的资本缺口。随着改革的深入，市场经济体制的逐步建立，经济发展迅速。这一阶段外资进入中国的主要目的是利用我国廉价的资源，尤其是劳动力资源，产品主要面向国际市场。对外资的税收优惠政策以区域性优惠为主，形成了内、外资两套税制。外资企业的税负低于内资企业，但同时对外资企业有严格的市场准入限制，外资产品主要出口，在国内市场并没有形成与内资企业的全面竞争。这一时期，内外两套税制促进了经济的迅速发展，经济规模的扩大和对内资企业较重的税负则保证了经济发展所要求的公共产品的供给。第二阶段从加入WTO到21世纪中叶我国成为中等发达国家。在这一阶段，随着中国经济的迅速发展，人均国民收入和购买能力逐步提高，国内市场日益壮大。外资进入我国的目标发生了重要的转移，许多跨国公司纷纷抢占中国市场。我国加入WTO后，严格的市场准入限制在较短的时间内将被取消，外资与内资在国内市场的竞争将更加激烈。近年来形成的国外汽车公司投资中国汽车产业的热潮就是明显的例证。这时如果继续维持内外两套税制，将在国内市场造成内外资企业的不公平竞争，不利于内资企业的发展，因此内外资两套税制并轨迫在眉睫[1]。从某种意义上讲，外资对中国市场份额的争夺和预期的利润在某种程度上会降低其对税收优惠的要求，但这并不意味着我国不需要继续吸引外资。因为经济的发展使我国的要素禀赋开始发生改变，经济结构与产业结构面临调整，传统的劳动密集型产业受到后起发展中国家的竞争。

三、税收政策对经济增长的影响

税收政策在很大程度上影响着经济的增长速度和质量。税收水平和税制设计直接影响着企业的生产成本和投资回报率。高税收水平和繁杂的税收制度可能降低企业的盈利能力，减少其投资动力，从而抑制经济的增长潜力。相反，合理的税收政策可以降低企业的税收负担，提高其盈利能力和投资回报率，促进经济的增长和发展。税收政策还影响着个人和企业的消费行为和储蓄行为。高税收水平可能降低个人和企业的可支配收入，导致消费减少，进而影响经济的总需求和增长。而低税收水平则可能刺激消费和投资,促进经济的增长和活跃。税收政策还会对资源配置和产业结构产生影响,进而影响着经济的长期增长潜力。通过税收优惠政策,政府可以鼓励企业加大对科技创新、研发投入和人力资本的投资,提高经济的创新能力和竞争力,推动经济向技术密集型和知识密集型产业转型升级,实现经济结构优化和长期增长。税收政策通过影响企业投资、个人消费、资源配置和产业结构等方面,直接影响着经济的增长速度和质量。政府需要审慎制定税收政策,合理调控税收水平和税收结构,以促进经济的稳健增长和可持续发展。

四、税收政策对消费和储蓄的影响

税收政策对个人和企业的消费和储蓄行为产生显著影响。税收水平直接影响了个人和企业的可支配收入。高税收水平会降低个人和企业的可支配收入,进而降低其消费和储蓄能力,抑制经济的消费需求和储蓄积累。相反,低税收水平可能提高个人和企业的可支配收入,促进消费和储蓄的增加,推动经济的消费需求和储蓄投资。税收政策通过税收优惠和激励机制影响着个人和企业的消费和储蓄行为。政府可以通过提供个人所得税减免、企业所得税优惠或个人储蓄税收抵免等政策措施,鼓励个人和企业增加消费和储蓄活动,促进经济的增长和发展。税收政策还可以通过消费税和储蓄税等手段对个人和企业的消费和储蓄行为进行直接影响。政府可以通过调整消费税税率或实施储蓄税收政策来引导消费和储蓄行为,从而影响经济的总需求和供给。税收政策对个人和企业的消费和储蓄行为产生直接和间接的影响,通过调控税收水平、税收优惠和激励机制等手段,政府可以引导消费和储蓄行为,促进经济的平衡增长和可持续发展。许多合资企业为了加快了资本运营步伐,开始由合资—控股—独资的发展战略,对中国的市场战略已经发生了重大转变。有44个发展中国家纷纷出台了税收优惠政策,形成了针对外资的新一轮国际税收竞争。如果内外资企业税制并轨后大幅度提高外资企业的税负,将不利于吸引外资和经济结构的调整,势必影响整个经济增长。而如果在并轨后相应降低内资企业税收负担,名义税负的下降至少会在短时期内造成税收收入的减少,在长期的经济发展和短期的财政利益之间,我国应当选择普遍降低名义税负促进经济发展的税收政策。另一方面,我国加入WTO后,关税壁垒的大幅度下降使国内市场与国际市场差别日益缩小,包括外资在内的我国居民企业与其他国家居民企业在国际、国内市场的竞争更加激烈。不仅所得税是影响企业竞争力的重要因素,构成产品成本的所有税负也对产品的竞争力有影响。在这种情况下,一个国家税收制度的整体税收负担成为该国产品竞争力的重要影响因素,发展中国家的税收竞争不再局限在对外资所得税的优惠上,而扩展到了整个居民企业税负方面。因此,为了提高我国产品在国际、国内市场的竞争能力，应当降低包括所得税和流转税在内的企业整体税收负担以应对国际税收竞争的变化。随着经济的发展和产业结构的调整，我国在继续吸引外资的同时，许多成熟产业开始进行对外投资。而随着资本市场的逐步开放，国际金融资本将进入我国，证券投资等间接投资将成为新的外资流入方式，生产性资本的流入也可以通过资本市场的企业跨国兼并重组实现。我国在国际经济活动和税收竞争中的地位将逐步向发达国家靠近。综上所述，加入 WTO 后，我国的经济结构和外部经济环境发生了重大变化，针对外资的税收优惠政策将逐步被内外资统一的税制所取代，在国际税收竞争中，非歧视性的普遍减税将代替对外资的所得税优惠成为竞争的主要手段。随着跨国公司在我国投资的深入和我国企业对外投资的发展，国际税收协调与合作对于反对国际避税、维护我国的税收利益具有重要意义。在保持税收主权的同时，积极参与国际税收协调与合作，反对避税港和恶性税收竞争符合我国的国家利益。

五、税收政策对企业活动和投资的影响

税收政策对企业的经营活动和投资决策产生深远影响。税收政策直接影响了企业的盈利能力和成本结构。高税收水平会增加企业的税收负担，降低其盈利水平，影响其投资和扩张计划。相反，低税收水平有助于提高企业的盈利能力，增加其投资和扩张的动力，推动经济的增长和发展。税收政策通过税收优惠和激励机制对企业的投资行为产生影响。政府可以通过提供企业所得税减免、研发税收抵免或投资补贴等政策措施，鼓励企业增加对技术创新、生产设备更新和市场拓展等方面的投资，提高产业竞争力和创新能力，促进经济的结构调整和升级。税收政策还影响着企业的资金结构和融资成本。高税收水平会增加企业的经营成本和融资成本，影响其资金运作和投资决策。政府可以通过调整企业所得税税率、资本利得税税率或利息收入税收政策等手段，降低企业的融资成本，提高其资金使用效率，促进经济的投资和创新活动。税收政策对企业活动和投资行为产生重要影响，通过调控税收水平、税收优惠和激励机制等手段，政府可以引导企业加大投资和创新活动，提高产业竞争力和创新能力，促进经济的结构调整和升级，实现经济的稳健增长和可持续发展。税制能否达到制度设计的目标，除了制度设计本身外，制度的实施机制至关重要。对我国转型期的税制来说，由于实施机制的问题，税制的实际效应与税制设计时预期的效应有很大偏离。我国税制实施机制存在的主要问题，好的税制实施机制包括四个方面：理想的税收制度，指税制合理、正确、高效的税务组织，这涉及税务队伍素质和组织效率；具有良好遵从意愿的纳税人群体，纳税意识强，有利于税制实施的社会环境，有维护税法刚性的社会风尚。

据此把税制实施机制的四个方面概括为税收制度、税务组织、纳税人和税制环境。税收制度方面，一是名义税率长期偏高。21 世纪之初的税制改革原则是：简税制、宽税基、低税率、严管理，但低税率取向的税制改革，在 2006 年的个人所得税扣除标准提高，2008 年的企业所得税改革和 2009 年的增值税转型中才开始体现。中国转型期税收与经济增长问题研究在实行结构性减税的同时，也有增税的制度调整，理论界对税收连续 10 年高增长的原因进行了大量研究，却一度对是什么因素使税收有了如此大的上涨空间缺乏关注。实际上，税制设计形成的较高名义税率的存在，才使税收大幅度增长成为可能。即便是现在实行了结构性减税之后，目前我国税制设计的宏观税负也在 22% 以上，最高估计达 25%。二是有些具体制度脱离实际。比如，对增值税小规模纳税人代开发票规定只能按其征收率计算下一环节抵扣额，而此类纳税人曾长期占到增值税纳税人的 80% 以上，这迫使下一环节采取进项不入帐的办法来应对抵扣不足。从查处的县城超市逃税案件来看，源自小规模纳税人的进项达到三分之一，因不准抵扣，超市的税收负担率达到销售收入的 8%，照此补税，根本没有负担能力。还有商业批发，大部分是个体经营且不建账，若按征收率全额征收，则将整体退出市场。三是税制设计缺乏对实施中可能存在问题的预见。税制设计防范逃避税的功能欠缺。原来酒类消费税，即被企业以成立销售公司的办法轻易减轻了税收负担。区域性减免税政策的漏洞，留下所谓的税收筹划余地，纳税人只要虚假注册便可享受税收优惠，各地税务机关在税制实施的力度上存在较大差异。这当然对实施力度较小地区的经济增长有利，但这是违背制度设计意图的，从全局来看是有害的，因为这使地区间市场竞争变得不平等，税收任务常常与税源实际状况相脱节，并受当地财政预算的左右。在经济发达地区，税源充裕，财政宽松，较易完成任务，也因此开始淡化税收任务概念，这不是说就以应收尽收为目标了，而是任务不重要了，税制实施更偏松了。

第二章　税收制度与全球视野

第一节　比较各国税收制度

一、税收制度的概述

税收制度是一个国家或地区用以征收财政收入的一套组织化的法律、规章和制度。它是国家财政体系的核心组成部分，直接影响着国家的财政稳定和经济发展。税收制度通常包括税种、税率、征收对象、征收方式、税收管理体制等方面的规定和安排。税收制度的概述旨在全面了解该国或地区的税收体系结构、基本组成和运行机制。它涵盖不同税种的分类和说明，例如直接税和间接税的区分，以及所涉及的具体税种如所得税、消费税、增值税等。税收制度的概述还会介绍税率的设定原则和调整机制，以及税基的确定方式。此外，概述中还会涉及税收征收对象的范围和标准，包括个人、企业、商品、服务等。税收制度的概述还会简要介绍税务管理机构的组织结构和职责分工，以及税收征收的程序和流程。综合而言，税收制度的概述为进一步比较各国税收制度提供了全面的基础和框架，有助于深入了解不同国家税收体系的异同，为国际税收合作和经济政策制定提供参考依据。而在欠发达地区，财政支出与税源的矛盾突出，税务机关为完成任务，甚至要超过应收的限度，这表现在各地税收努力指数上的差别即各地实际税收收入与潜在税收收入的比率不同，按人均 GDP 高低将各省市区分为四组，研究发现，高收入组的税收努力程度较低，而征税努力程度最高的恰恰是收入水平最低的省份。在同一地域，税收任务也会因收入压力的不同而有很大的弹性。国家税务总局原副局长崔俊慧（2003）曾讲，全国稽查系统 11.3 万人中，真正有独立工作能力的不过半数，人员的集中涌进带来的超编问题能否达到制度设计的目标，除了制度设计本身外，制度的实施机制至关重要。对我国转型期的税制来说，由于实施机制的问题，税制的实际效应与税制设计时预期的效应有很大偏离。我国税制实施机制存在的主要问题，好的税制实施机制包括四个方面：理想的税收制度，指税制合理、正确、高效的税务组织，这涉及税务队伍素质和组织效率；具有良好遵从意愿的纳税人群体，纳税意识强；有利于税制实施的社会环境，有维护税法刚性的社会风尚，据此把税制实施机制的四个方面概括为税收制度、税务组织、纳税人和税制环境。在税收制度方面，名义税率长期偏高。21世纪之初的税制改革原则是简税制、宽税基、低税率、严管理。但低税率取向的税制改革，在2006年的个人所得税扣除标准提高，2008年的企业所得税改革和2009年的增值税转型中才开始体现。目前转型期税收与经济增长：制度层面分析消化，之后的新进人员很少，特别是国税系统，人员老化问题已经显现。此外，税务队伍确实存在少数人员缺乏公共责任感，失职渎职甚至以税谋私的现象。这些问题，从税务组织来说，增加了税制的实施成本，对整个经济来说，使税制的公平与效率原则不能很好地体现出来。

　　税收类型及征收对象。税收类型及征收对象是税收制度中的重要组成部分，它涉及税收的分类和征收对象的范围。税收类型包括直接税和间接税两大类。直接税是指由纳税人直接缴纳给政府的税，如个人所得税、企业所得税等；而间接税则是由商品和服务的交易过程中由经营者代为收取并转交给政府的税，如消费税、增值税等。征收对象是指应纳税的主体，通常包括个人、家庭、企业、商品和服务等。在征收对象方面，税收制度可能根据纳税人的收入、消费、财产等不同情况设置不同的税种和税率，以实现税收的公平和效率。对税收类型及征收对象的了解有助于深入理解税收制度的运作机制和影响范围，为分析和比较各国税收制度提供了重要依据。

二、税收税率和税基

　　税收税率和税基是税收制度中的两个关键要素，直接影响税收的征收金额和方式。税率是指税收征收单位所征收的税金占应税基数的比率，是税收政策中的核心参数之一。税基则是指税收所计税的基础，是确定征税对象的标准或依据。税基可以是个人或企业的收入、财产、消费、交易额等不同方面。税收税率和税基的设定通常是由国家或地区的立法机关根据财政需求和经济状况制定的。在税收税率方面，不同国家或地区可能根据其经济发展水平、财政收支状况和税收政策目标等因素设置不同的税率水平，以达到税收的调控目的。而税收税基的设定则要考虑到税收的公平性、简易性和征管成本等因素，以确保税收的有效征收和合理分配。对税收税率和税基的了解有助于深入分析税收制度的公平性、效率性和可持续性，为比较各国税收制度提供重要依据。从名义税率的国际比较来看，中国各大主体税种的税率处于适中水平。但是国际上对中小企业普遍采用的低税率、高免税线做法，与之相比，中国增值税小规模纳税人适用的3%税率偏高。另外，中国宏观税收负担水平处于迅速上升趋势，大口径的宏观税收负担在 2007 年达到 30.2%。2008 年下半年以后，由于税源减少和结构性减税政策的实行，导致税收增速跌幅较大，未来一段时间内宏观税收负担会有所下降。税收作为宏观经济调控的重要工具，对居民消费的影响机理十分复杂。在国家实施扩大内需尤其是消费需求战略的背景下，税收负担与居民消费的关系尤其值得关注。税收负担对居民消费的影响机理十分复杂，前者并不必然会对后者产生挤出效应。基于中国 1998—2011 年省际面板数据的实证结果显示，从绝对额的视角来看，人均财政收入的增加不仅没有抑制居民消费支出增长，反而对其表现出一定程度的挤入效应，不能想当然地将居民消费需求不足简单归咎于政府收入的快速增长，如果财政收入能够更好地取之于民、用之于民，完全有可能实现财政收入与居民消费的协同增长。许多发达国家的税负水平明显高于中国，但并未陷入因居民消费需求不足而影响经济增长的困境。政府收入快速增长本身无可厚非，问题的关键在于如何更规范地筹集税收以及怎样更合理地利用税收。中国作为一个发展中大国，经济社会发展所需要公共产品和服务数量和质量尚存在相当大的提升空间，今后一个时期，中国宏观税负不仅有上升的需要，也有提升的空间。

三、税收征收方式

税收征收方式是指税收机关对纳税人实施征税的方式和方法。在税收征收方式方面，主要包括直接征税和间接征税两种形式。直接征税是指税务机关直接向纳税人征收税款，纳税人需要自行申报并缴纳税款给税务机关，如个人所得税和企业所得税等。而间接征税则是通过对商品和服务交易中的税收征收，由经营者代为收取并转交给税务机关，例如消费税和增值税等。税收征收方式还包括按年度、按季度、按月度等不同的征收周期和方式。税收征收方式的选择取决于政府的财政政策目标、税收征管能力和纳税人的税务义务等因素。了解税收征收方式有助于全面了解税收征收的运作机制和流程，为比较各国税收制度提供了重要依据。随着我国国力不断增强，我国国内需求的持续增长以及国内一系列经济、政策改革的不断进行与深化，我国经济的发展有了很多强有力的助力。尽管如此，我们仍应该充分认识到，我国经济发展存在下行压力。同时，国家出台的刺激消费的一些政策所得到的效应相对来得缓慢。税收政策作为国家实现经济发展目标的基本准则，应该被不断地完善，以推进国家内需的扩大，促进经济的发展。借鉴外国（发达国家和发展中国家）的税收政策经验，并比较发达国家与发展中国家的税收政策的异同点，进行分析，再结合我国国情，制定符合我国国情的税收政策。此外，我们还应严格执行已制定的税收政策。对税收专管人员进行培训，提高他们的业务水平以及对相关政策的熟悉度。我国的宏观税负相对美国等一些国家,处于较高水平。2010年我国居民平均为税工作天数为161天,比美国的102天、英国的150天等高出很多。而且,我国包含卖地收入和罚款收入的宏观税负高达35%(标准为23%)。税负过高,会抑制经济的增长。我们应注意调节税收收入以及非税收入的比例,从而合理地控制宏观税负,使其对经济增长起到积极作用。税收优惠政策是一把双刃剑。一方面,为了促进国家经济发展,跟上改革的步伐,税收优惠政策对我国而言,是必不可少的;另一方面,税收优惠政策容易让人钻空子,让一部分人套用掉税收优惠政策下的利益,待此政策失效后,马上退出来重新寻找下一个优惠政策的"甜头"。所以,相关人员应该不断地加强对税收优惠政策的考察以及完善。目前,国家特别重视大学生创业这一块儿,对应届毕业大学生创业实施免税扶持的政策。这也响应了利用税收政策促进科学发展、经济发展的主题。如今,国家应加大对小微企业的扶持力度,在合理范围内,降低其成本及风险,引进更多人才加入小微企业的创建及投产中,并吸引科研人才对科技进步作出贡献,从而刺激国家国力以及经济的增长。

四、税收政策和税务管理

税收政策和税务管理是税收制度中至关重要的组成部分,它们直接影响着税收的实际征收和管理效率。税收政策是政府根据国家的财政需求和经济发展情况所制定的税收规定和政策措施,包括税收的总体方针、税收的基本原则和税收的具体政策措施等。税收政策的制定涉及税收目标的设定、税收政策的调整和税收改革的实施等方面,对于税收制度的合理性和有效性至关重要。税务管理则是指税收机关对税收活动进行组织、协调和监督的过程,包括税收征管、纳税服务、税务执法等方面的工作。税务管理的好坏直接影响着税收的实际征收效率和纳税人的合法权益保障,对于维护税收制度的公平性、透明度和稳定性至关重要。了解税收政策和税务管理的内容和运作机制,有助于全面把握一个国家或地区的税收制度特点和实际运行情况,为深入比较各国税收制度提供了重要依据。对于国际税收竞争,OECD、欧盟等发达国家正在联合采取遏制政策,对非组织成员国家也相应提出了划分标准和政策建议,并附有一定的惩罚措施和操作程序,因而,作为世界上最大的发展中国家,必须积极参与各种层次的双边与多边国际税收协调,争取和保护我国的税收权益和良好经济发展的税收环境。既要积极推动发展中国家之间的税收协调与合作,如与东南亚国家的税收合作,也要积极参与发达国家的税收协调与合作,尤其是对OECD和欧盟国家关于恶性税收竞争的识别、确认以及成立国际税收组织等活动要积极参与,只有参与才有发言权,才有交流和理解,在协调与合作中争取和保护我国的税收利益。另外,必须在合作交流中坚持发展中国家立场,承担与发展中国家相当的责任和义务。同时,要积极进行双边与多边的国际税收信息交流，在国际反避税方面与其他国家进行充分合作，有效制约跨国公司和国内对外投资企业利用国际转让定价进行的避税活动。未来我国结构性减税将分三类进行：第一类是实现继续减税的部分，包括增值税和企业所得税，通过现行税制的完善实施减税，对固定资产投资方向调节税、筵席税和屠宰税应当取消；第二类是有增有减的部分，包括个人所得税，对普通居民的劳动所得应当降低税负，而对高收入群体应当加大征税；对非劳动所得如股息、红利和偶然所得等应当适当调高税率；消费税，对不再构成奢侈品的一般消费品应当从消费税中取消，而对目前的高档消费品和消费场所应当课征高税。第三类是增加税收的部分，包括现行资源税的征税范围的扩大以及我们前述讨论的新税种的开征，要注意的是，这些新税种的开征应当按经济发展的需求分别推出，如现阶段不宜推出证券交易税，但诸如环保税和社保税已经具备推出条件。同时，规范政府收入的取得和分配机制，加大不合理费用的挤出，整合合理性收费和不合理性收费，逐步缩小费负，扩大税负，从而改变政府的税收收入、预算外收入和制度外收入三分天下的局面，使税收成为政府收入的主旋律。具体的措施包括：一是对那些加重居民负担，与企业收益不成比例的高收费、乱收费和摊派予以取消；二是对经营性事业收费应当从预算内外剥离，逐步从依附于政府之上的机构推向市场，完成企业资金的自我"造血"功能；三是对行政性收费和部分事业性收费必须纳入预算管理，实行统一的预算。四是将一部分收费纳入税的范畴，具体途径是扩大现有税种的课税范围或开征新税种以确保费改税实施，如可将现行土地管理方面的收费纳入房产税、土地使用税；将城建方面的费用纳入城建税；资源方面的收费纳入资源税；对教育收费、环境污染收费以及社保费分别开征教育税、环保税和社保税来实现。五是缩减政府的开支是保证费改税实施的前提条件。

第二节 国际税收合作与避税问题

一、国际税收合作概述

国际税收合作的重要性日益凸显，主要原因包括全球化经济发展趋势、跨国公司活动增加、税收逃避和避税等问题日益突出。在全球化进程中，跨国公司的跨境活动增加了税收管理的复杂性，容易出现跨境税收逃避和避税等问题。随着金融交易和资本流动的加速，税收基础的侵蚀和利润转移等行为也日益增多，使得税收征管面临更大挑战。为了应对这些挑战，各国纷纷加强国际税收合作，共同应对跨境税收问题。国际税收合作的内容主要包括税收信息交换、签订双重征税协定、建立税收规范与标准等方面。税收信息交换机制使得各国可以共享涉税信息，更好地追踪跨国资金流动和避税行为。双重征税协定则帮助减少企业和个人因在不同国家交纳重复税款而受到的损失，促进跨国投资和贸易的发展。建立税收规范与标准也有助于减少跨国税收规避行为，提升全球税收治理的有效性。国际税收合作在应对跨境税收问题、促进税收公平与合规方面发挥着重要作用。随着全球经济的不断发展和税收问题的日益复杂化，国际税收合作将成为各国合作的重要领域，有助于推动全球税收治理体系的进一步完善和发展。税收是我国财政收入的基本因素，也影响着我国经济发展。取得财政收入的手段有多种多样，如税收、发行货币、发行国债、收费、罚没等，而税收则由政府征收，取自于民、用之于民。经济是税收的源泉，经济决定税收，而税收又反作用于经济，这是税收与经济的一般原理。近年来，中国税收收入的快速增长甚至"超速增长"引起了人们的广泛关注。科学地对税收增长进行因素分析和预测分析非常重要，对研究我国税收增长规律，制定经济政策有着重要意义。

改革开放以来，中国经济高速增长，1978—2008 年的 31 年间，国内生产总值从 3645.2 亿元增长到 314045 亿元，一跃成为世界第二大经济体。随着经济体制改革的深化和经济的快速增长，中国的财政收支状况也发生了很大的变化，中央和地方的税收收入 1978 年为 519.28 亿元，到 2008 年已增长到 54223.79 亿元，31 年间平均每年增长 16.76%。税收作为财政收入的重要组成部分，在国民经济发展中扮演着不可或缺的角色。为了研究影响中国税收增长的主要原因，分析中央和地方税收收入的增长规律，以及预测中国税收未来的增长趋势，我们需要建立计量经济模型进行实证分析。影响税收收入的因素有很多，但据分析主要的因素可能有：①从宏观经济看，经济整体增长是税收增长的基本源泉，而国内生产总值是反映经济增长的一个重要指标。②公共财政的需求，税收收入是财政收入的主体，社会经济的发展和社会保障的完善等都对公共财政提出要求，因此对预算支出所表现的公共财政的需求对当年的税收收入可能会有一定影响。③物价水平。我国的税制结构以流转税为主，以现行价格计算的 GDP等指标和经营者的收入水平都与物价水平有关。④税收政策因素。我国自 1978 年以来经历了两次大的税制改革，一次是 1984—1985 年的国有企业利改税，另一次是 1994年的全国范围内的新税制改革。税制改革对税收增长速度的影响不是非常大。可以从以上几个方面，分析各种因素对中国税收增长的具体影响。

二、双重征税与避税

双重征税是指同一纳税人在不同国家或地区因同一税款而被多次征收税款的现象。这种情况可能会导致跨国企业或个人承担过多的税负，阻碍了跨国投资和贸易的自由流动。为了解决双重征税问题，各国之间通常会签订双重征税协定，以协调和规范税收征管。这些协定通常规定了税收权归属、利息、股利和特定服务等收入的征税权责，以确保纳税人不会因为在不同国家或地区的交易而受到重复征税。税收避税是指纳税人利用税法漏洞或合法的税收规划手段来减少应缴税款的行为。这种行为通常是为了最大程度地合法地减少税收负担，而不是为了违法逃税。税收避税行为的出现使得国家税收收入受损，影响了税收的公平性和合理性。为了应对税收避税问题，各国纷纷加强了税收信息交换，提高了对于税收避税行为的监管力度，并加强了国际合作，共同应对跨国企业和个人的税收规避行为。

三、税收信息交换机制

税收信息交换机制是各国间为了应对跨境税收问题而建立的重要合作机制。该机制旨在促进各国之间的税收信息共享，以便更有效地监督和管理跨境税收活动，防止税收逃避和避税行为的发生。税收信息交换通常涉及税务机关之间的合作，包括互相提供涉税信息、纳税人的账户信息、资产信息等。税收信息交换机制通常包括双边信息交换和多边信息交换两种形式。双边信息交换是指两个国家之间就纳税人的信息进行直接交换，通常是基于双边协议或协议的框架下进行。而多边信息交换则是指多个国家之间共同签署的协定或公约，共同约定在特定情况下共享税收信息，以应对跨国税收问题。税收信息交换机制的建立对于减少税收逃避和避税行为，提高税收征管效率具有重要意义。通过信息共享，各国能够更好地掌握纳税人的资产和收入情况，加强对跨国企业和个人的监管，提高了税收征管的有效性和公平性。税收信息交换机制已成为国际税收合作中的重要内容，有助于促进全球税收治理体系的完善和发展。

四、国际税收规范与法律框架

国际税收规范与法律框架是指各国或国际组织制定的用于规范跨国税收活动的法律、规章和国际准则。这些规范和框架旨在促进税收公平、防止税收逃避和避税行为，加强税收征管的合作与协调。国际税收规范与法律框架涵盖了多个方面，包括税收透明度、反避税规定、资本流动控制等。国际税收规范与法律框架的建立通常是由国际组织如联合国、经济合作与发展组织（OECD）、国际货币基金组织（IMF）等联合制定，也涉及各国自身的立法和规定。例如，OECD 的《多边税收公约》（Multilateral Convention）就是一个旨在减少税收避税行为的重要法律框架，旨在通过促进信息交换和国际合作来应对跨国税收问题。国际税收规范与法律框架的建立对于推动国际税收合作和规范跨国税收活动具有重要意义。它有助于提高各国之间的税收征管效率和协调性，防止跨国企业和个人利用法律漏洞进行税收规避行为，维护全球税收制度的公平性和合理性。国际税收规范与法律框架已成为国际税收合作中的重要内容，有助于推动全球税收治理体系的完善和发展。为了全面反映中国税收增长的全貌，我们选用"国家财政收入"中的"各项税收"（即税收收入）作为被解释变量，反映税收的增长；选择"国内生产总值"（即GDP）作为经济整体增长水平的代表；选择"财政支出"作为公共财政需求的代表；选择"商品零售价格指数"作为物价水平的代表。另外，由于财税体制的改革难以量化，而且从数据上看，1985年以后财税体制改革对税收增长影响不是很大，在此暂不考虑税制改革对税收增长的影响

税负公平是各个国家在各个时期制定税收政策的基本要求和准则之一，它包括税收的横向公平和纵向公平。我国现行税收制度和税收政策是在社会主义市场经济建立初期形成的，税收负担在当时虽存在某些不公平现象，但矛盾并不显得十分突出。随着市场经济逐步走向成熟及对外开放程度的扩大，宏观经济环境发生了重大变化，而我国现行税收政策却未能适应这一要求作出相应调整，不公平性的矛盾日益突出。从其他国家的经验可以看出，在市场经济条件下，税务代理是税收管理的必然延伸和有益补充，是影响和制约税收管理效能的重要外部环境。我国的税务代理业虽经过多年探讨与发展，但税务代理的市场规模仍然狭小，税务代理的行为极不规范，税务代理人员的素质也难以适应代理业务的需要。

从其他国家经验可以看出，在市场经济条件下，税务代理是税收管理的必然延伸和有益补充，是影响和制约税收管理效能的重要外部环境。我国的税务代理业虽经过多年探讨与发展，但税务代理的市场规模仍然狭小，税务代理行为极不规范，税务代理人员的素质也难以适应代理业务的需要。

五、跨国公司税收规避与对策

跨国公司税收规避是指跨国公司利用跨国经营和利润转移等手段，在不同国家间合法减少或避免缴纳税款的行为。这种行为通常通过跨国公司在不同国家之间转移利润、采取税收优惠政策、利用税收天堂等方式实现。税收规避行为不仅影响了各国税收收入，还可能导致税收不公平和经济资源分配的不合理性。

为了应对跨国公司税收规避问题，各国和国际组织采取了一系列对策。首先是加强税收信息共享和合作，通过建立税收信息交换机制和签订双边或多边税收协定，加强对跨国公司的监管和征税。其次是加强国际税收规范和立法框架，制定和执行更加严格的税收法律法规，加大对税收逃避行为的打击力度。此外，还可以采取税收透明化措施，促进跨国公司的税务透明度和公开化，减少税收规避的空间和机会。应对跨

国公司税收规避问题需要各国和国际社会的共同努力，需要建立更加完善和有效的国际税收治理体系，加强税收信息交换和合作，推动税收规范和法律框架的建立和完善，以及加强对税收规避行为的监管和打击。这些举措有助于维护全球税收制度的公平性和合理性，促进全球经济的稳定和可持续发展。

第三节　全球化对税收政策的影响

一、全球化对税收政策的挑战

全球化对税收政策的挑战主要体现在以下几个方面。全球化加速了跨国公司的发展和跨境资金流动，使得跨国公司在税收规划方面具有更大的灵活性和选择空间。这使得一些跨国公司通过在不同国家间进行利润转移和税收规避等行为，以最小化纳税责任，导致了税基侵蚀和税收收入减少的问题。全球化带来了税收竞争的加剧。各国为了吸引外国投资和跨国公司的落户，纷纷实施降税优惠政策和税收激励措施，导致了税收政策的不协调和不平衡，进而影响了税收收入的稳定性和可持续性。全球化还加大了税收征管难度。跨国公司的跨境活动和全球资金流动增加了税收征管的复杂性，使得各国税务机关面临更大的监管难题，难以有效地监管和征税。全球化也给税收政策的制定和调整带来了新的挑战。全球化使得国际经济联系日益紧密，各国税收政策的调整可能会对其他国家产生重要影响，因此需要加强国际合作，制定统一的税收标准和规范，以提高全球税收治理的效率和公平性。综上所述，全球化对税收政策的挑战需要各国加强合作，共同应对，以保障全球税收制度的稳定和可持续发展。总体来说，税收政策可根据社会经济形态分为两大类，即加大税收和税收优惠。从加大税收来说，若加大税收，则会降低社会总需求；若加大企业税收，则会使得社会总供给减少；从税收优惠而言，效果恰恰与加大税收相反。总供求与经济增长社会总供给与总需求的变化能显著影响经济的发展情况。近年来，我国有效需求不足，经济增长乏力。深入研究税收和总供给与总需求平衡的关系，对于正确发挥税收功能，促进经济增长具有重大理论和现实意义。2008 年，美国次贷危机引起的金融危机全面爆发，致使国内社会总需求减少，经济发展缓慢，于是美国政府当局决定采取税收优惠政策，减少税收，刺激消费增加，并以此拉动内需，收到了良好的效果。经济增长的关键在于科技进步，税收是促进科技进步的有效政策手段之一。税收优惠增加私人边际收益，从而强化政府政策的影响力，促进科技与经济社会的协调发展。税收政策能引导资源流向政府鼓励发展的方向，若降低税收，会使得科技研究的成本降低，从而隐形地鼓励技术型人才加入科研队伍，从事科研工作。这将促进我国科研事业的发展。科技进步与经济增长。胡锦涛担任总书记时，曾提出科学发展观，也曾表示科学进步将推进经济发展。科技进步是经济发展的"内生变量"。科技的发展使得资源得到更高效的利用，促进中国迈向节约型社会，走上可持续发展道路。此外，科技的进步能使得我国经济结构得以优化，提高经济效益，高效率配置资源。同时，科技的进步将为我国吸引更多外国人的青睐，促进我国与国际的交流，加快我国经济发展的步伐。这里，我主要阐述税收优惠政策对经济增长的效果。税收优惠政策，可以从降低税率、税款以一定比例返还以及减轻小微企业负担等几个方面来考虑。税收优惠政策，可以吸引外资的投入，促进国民的消费，从而刺激经济的增长。同时，税收优惠政策也包括出口退税，以此刺激出口额，增加国内经济收入，刺激经济增长。

二、跨国公司税收筹划的影响

全球化深化了跨国公司的国际化经营，使得跨国公司能够更加灵活地进行税收筹划，以最大程度地降低纳税义务。跨国公司通常通过利用不同国家税法的差异性、利润转移、税收优惠政策等手段来最小化其全球范围内的税负。这种行为可能导致在一些国家或地区征收较低的税款，从而减少了这些国家的税收收入。跨国公司还可能通过建立在税收天堂等地的子公司或控股公司，将利润转移至低税收地区，从而避免在高税收地区缴纳更多税款。跨国公司还可以通过调整公司结构、采取跨国并购等方式来进行税收规划，以最大程度地降低其全球范围内的税负。跨国公司税收筹划的影响不仅导致了全球范围内的税收基础侵蚀，还可能导致税收收入分配不均和税收公平性问题的加剧。为应对跨国公司税收筹划的影响，各国需要加强税收征管，加大对于跨国公司的监管力度，加强国际合作，共同应对跨国税收问题，维护全球税收制度的公平性和合理性。

三、跨境贸易与税收收入

全球化加速了跨境贸易的发展，使得跨国企业可以更加便利地在全球范围内进行贸易活动。跨境贸易的增加也带来了税收政策上的挑战。一方面，跨境贸易的增加可能导致一些国家的税收收入减少。由于跨境贸易的复杂性和多样性，税收征管面临更大的难度，容易出现税收漏洞和避税行为。另一方面，一些国家可能通过降低关税和进口税等手段来吸引更多的跨境贸易活动，以推动经济增长和就业机会的增加。这也可能导致税收收入的减少，对国家财政稳定性造成一定影响。跨境贸易与税收收入之间存在着一定的矛盾和平衡问题。为了应对跨境贸易对税收收入的影响，各国需要加强税收征管，提高关税和进口税的征收效率，防止跨境贸易带来的税收收入减少。各国还应加强国际合作，共同应对跨境贸易带来的税收挑战，维护全球税收制度的稳定性和公平性。经济学家认为，如果每个人都依靠"看不见的手"来引导，那么他们最大化自己利益的努力将使得所有人的利益达到最大化，而不需要任何形式的政府干预。所以，税收一方面降低了投资者的预期收益率；另一方面减少了各阶层的可支配收入，从而直接减少投资影响资本积累，进而影响资本的增长。税收政策作为调节社会总供求并使之均衡的主要政策，通过对经济总量的调节，可以为经济发展方式转变和经济可持续发展创造良好的宏观经济环境。20世纪30年代，西方国家爆发了严重的金融危机，由于疯狂投机造成了当时的经济大萧条，同时导致大量人员失业，对国际经济产生了严重冲击。凯恩斯就是在当时那种乌烟瘴气的社会经济背景下发动了著名的"凯恩斯革命"，他提倡国家对经济进行积极干预，利用一系列税收政策刺激消费和投资，从而对萧条的经济进行宏观的调控和管理。事实上，美国接纳了这种经济思维，采取了综合而全面的措施，对经济危机进行了国家政府的干预。结果证明，这种改革以及一系列税收政策的实施对宏观经济的调控有着非常显著的作用和效果。

四、税基侵蚀与利润转移

全球化加剧了税基侵蚀和利润转移的问题，对各国的税收政策产生了重大影响。税基侵蚀是指跨国公司通过利用税法漏洞和国际税收规则的差异性，将利润转移至低税收地区，从而避免在高税收地区缴纳更多的税款的行为。利润转移通常通过向低税收地区的子公司支付过高的转移定价、虚构费用和利息支出等方式来实现。这种行为不仅导致了高税收地区的税收收入减少，还可能导致税收公平性和税收制度的不稳定性问题。税基侵蚀和利润转移还可能导致国际税收竞争的加剧，各国为了吸引跨国公司的投资，纷纷实施降税优惠政策和税收激励措施，导致了税收政策的不协调和不平衡。为了应对税基侵蚀和利润转移的问题，各国需要加强税收征管，加大对跨国公司的监管力度，加强国际合作，共同应对跨国税收问题。此外，各国还可以通过制定更加严格和有效的税收法律法规，减少税法漏洞，提高税收征管的效率和公平性，从而有效应对税基侵蚀和利润转移带来的挑战。税收政策是国家为了实现一定时期的经济和社会发展目标，依据宏观经济规律而选择的指导税收分配活动和处理各种税收分配关系的基本方针和基本准则，是制定税收法律、法规和开展税收工作的指导方针及相应的税收措施的总和。税收政策属于上层建筑，它不但指导着税收工作，同时也是政府为了实现一定的社会经济目标而使税收能动地作用于经济的过程。税收政策可分为总量税收政策和结构税收政策。其中，总量税收政策主要包括扩张性税收政策、紧缩性税收政策以及中性税收政策等；结构税收政策主要包括各种税收征税范围的选择、计税依据的确定、税率的设计、税收优惠项目和幅度的选择等。税收政策的一系列目标为物价稳定、收入公平分配、充分就业、经济增长、生活质量提高、总供给与总需求的平衡等。其中，主要任务为总供给与总需求的平衡。

五、国际税收竞争与合作

全球化背景下，各国之间的税收竞争和合作成为税收政策制定的重要因素。一方面，为了吸引外国投资和跨国公司的落户，许多国家采取了降低税率、提供税收优惠政策等举措，加大了税收竞争的力度。这种税收竞争可能导致了税收政策的不协调和不平衡，进而影响了税收收入的稳定性和可持续性。另一方面，面对全球范围内的税收问题，国际社会也在加强税收合作，共同应对跨国税收挑战。各国之间通过签署双边或多边税收协定，加强税收信息交换，共同打击跨国税收逃避行为，促进了税收合作的发展。此外，一些国际组织如联合国、经济合作与发展组织（OECD）等也积极推动国际税收合作的进程，制定了一系列的国际税收准则和规范，为各国之间的税收合作提供了法律框架和政策支持。综上所述，国际税收竞争与合作是全球化背景下税收政策面临的重要问题，各国需要在加强税收竞争的同时，加强国际税收合作，共同维护全球税收制度的公平性和稳定性。自 1998 年中国的第一笔网上交易成功，到近几年人们对网购的狂热，无一不迫使人们思考网购何以如此发达。2010 年，我国的网购金额是 5231亿元，比 2009 年高出一倍，之后网购持续发展，至 2013 年我国网购金额已达 1.85 万亿元人民币。透过网购现象，究其原因，是网店的赋税较轻，于是商品价格较实体店低，刺激了人们对商品的需求，从而使人们的消费增多。同样的道理，香港之所以繁荣，最重要的原因也是赋税低。可见，减税、退税等税收优惠政策，在扩大内需，拉动经济增长方面，效果是非常显著的，并起着无可替代的作用。近年来，我国经济整体处于良好的经济状态，但也存在着经济增长下行的隐患：税收增长过快，增长速度超过了经济增长速度，税制结构失衡，流转税比例过重，这些都制约着中国经济的稳定、持续增长。本研究将通过对税收政策的目标以及其对经济增长的影响加以分析，从而研究税收政策与经济增长的关系。

第四节　税收改革的国际经验

一、税制综合改革

税制综合改革的实施通常涉及多个层面和方面。税制综合改革可能包括对税制的整体调整和优化，例如通过降低税率、简化税种、取消烦琐的税收优惠政策等措施来提高税制的简明性和透明度。税制综合改革可能涉及税收征管体制和机构的改革，包括强化税务管理和监管能力、提高税收征管效率、加强税收执法和监督等方面。税制综合改革还可能包括对税收征管技术的创新和应用，例如通过建立电子税务系统、推行自动化征管和数据共享等方式来提高税收征管的效率和精准度。税制综合改革还可能涉及税收政策的调整和优化，例如通过调整税收结构、优化税收政策和优惠措施，来提高税制的公平性和效率性。税制综合改革可能需要考虑到国际税收合作和协调的问题，例如通过加强国际税收合作，共同应对跨国税收问题，制定更加公平和合理的国际税收规则和准则。综上所述，税制综合改革是一项复杂而系统的工程，需要各国政府和相关部门的共同努力和协调配合，以实现税收制度的全面优化和改善。国内生产总值与税收收入是正相关的。这表明，国内生产总值会带来税收的增加。这很容易理解，因为经济是收入的来源，只有提高产出，才有可能提高税收，这是根本原因。财政对税收的影响是显著正相关的，这说明国家财政支出增加，税收也会增加。而且其系数为 0.586，高于国内生产总值的影响力。究其原因应该是：国家为了拉动经济增长，常常实施扩张性的财产政策，从而使经济得到发展，各项税收也就自然而然的有所增加，进而提高了税收总收入。零售商品物价指数对税收收入是正相关的。这很明显，物价指数升高，意味着物价上涨，物价上涨各个销售商的收入总额也就会变大，这样需要缴纳的各项税负也就变大，从而国家的税收收入就会明显地提高。经济发展水平是制约税制结构的生产力要素，两者之间的相关程度较高。经济发展水平的差异通常以人均国民生产总值的高低来衡量。在人均国民生产总值不同的国家里，税收规模即税收占国民生产总值的比重是不一样的。以世界银行公布的 1980 年的调查材料为例，在人均国民生产总值 260 美元的低收入国家里，国民生产总值税收率为 13.2%；人均国民生产总值为 2000 美元的中等收入国家，这一比率为 23.3%；而在人均国民生产总值为 1 万美元的高收入国家，这一比例是 28.1%。显然，一国国民生产总值税收率愈高，税负承受能力愈强，因而也为税制结构的调整提供了物质基础。具体来说，在人均国民收入较低的国家，流向企业和个人的纯收入极为有限，税收主要来源于对商品、劳务征收的商品劳务税；相反，在人均国民收入较高的国家，企业和个人的所得占国民收入的份额较大，从而为实行以所得税为主体的税制模式提供了可能。世界银行曾对 86 个国家的税制结构与人均 GNP 之间的关系进行分析，得出令人信服的结论：所得税具有随人均 GNP 增长而上升的趋势，流转税具有随人均 GNP 增长而下降的趋势，税收作为社会生产力发展到一定阶段的产物，必然随着社会的发展而扩大。税收是国家参与一部分社会产品或国民收入分配与再分配所进行的经济活动，因此税收从一定程度上决定了国家的健康稳定发展。我国目前正处于经济体制转型期，市场机制还不完善，宏观方面，需要政府进行积极的宏观调控，实现产业结构调整，以及财政支出政策的改进。另外，我国应实行结构性减税，结合推进税制改革，用减税、退税或抵免的方式减轻税收负担，促进企业投资和居民消费，实行积极财政政策，促进国民经济稳健发展，从而对税收形成良性影响。

二、税收优惠政策的调整

税收优惠政策的调整是税收改革的重要组成部分，旨在优化税收政策，提高税收的公平性、有效性和可持续性。这种调整通常涉及对各种税收优惠政策的评估、优化和调整，以确保其符合国家的税收政策目标和经济发展需要。在税收优惠政策调整过程中，政府可能会对各类税收优惠进行审查，剔除不必要或过度优惠的项目，同时加强对真正需要支持的领域的扶持。这种调整可能包括取消、减少或调整税收优惠的幅度和范围，使得税收政策更加公平、透明和有利于经济的可持续发展。税收优惠政策的调整还可能涉及对税收优惠的使用条件和管理办法进行完善和规范，以防止税收优惠政策被滥用或误用，确保税收收入的稳定和可持续性。税收优惠政策的调整是一种重要的税收改革经验，有助于优化税收政策，提高税收制度的效率和公平性。在任何一个国家，税收都是实现国家财政收入、调节资源配置与社会公平的重要手段。税收对经济发展的影响具有复杂性与多样性，因此本研究将探讨税收对经济增长的影响，并分析其作用机制税收作为一种财政收入手段，与经济发展密切相关。税收的增加可以直接提高国家财政收入，进而用于投资公共设施、改善社会福利。同时，税收也可以通过调节财富分配，达到促进经济增长与社会公平的目标。税收对经济增长的影响可以从多个方面探讨。适当的税收可以促进经济稳定与可持续增长。通过税收机制，国家可以动态调节经济的总需求与总供给，防止供需失衡对经济造成的不利影响。税收收入可以被用于增加公共支出，推动经济发展。例如，通过对基础设施建设的投资，税收可以有效刺激投资与就业，并间接促进整体经济增长。税收政策还可以通过激励创新与投资，促进经济结构的优化。通过减税等措施，国家可以鼓励企业增加研发投入，提升产品质量与竞争力，从而推动经济增长。税收对经济增长的作用机制可以从供给侧与需求侧两个角度进行分析。从供给侧来看，税收可以通过激励企业投资与创新，推动经济结构优化与生产能力增长。通过在税收上给予优惠政策，如降低税率、实行减税等措施，鼓励企业增加研发投入。这将促进技术创新与技术进步，提高企业生产效率与竞争力，进而推动经济增长。从需求侧来看，税收可以通过调节财富分配，促进消费与投资的增长，从而拉动整体需求与经济增长。通过调整个人所得税与消费税等税率，可以调节收入分配差距，改善民众消费能力，促进消费的增长。同时，税收收入也可以用于增加政府支出，促进投资与就业，进而带动经济增长。税收政策的优化与创新为提高税收对经济增长的积极影响，国家应优化与创新税收政策。国家可以制定合理的税收结构，减少税负对企业与个人的压力。通过降低企业税率、个人所得税率等方式，减轻纳税主体的负担，鼓励其增加投资与消费，促进经济增长。国家可以完善税收法规，加大税务管理与执法力度。通过建立健全的税收调查与执法机制，打击税收逃漏税等违法行为，维护税收秩序，增加税收的稳定性与可预期性。国家还可以加大税收征管的信息化建设。借助现代科技手段，如大数据与人工智能，提高税收的监管效能与准确性，从而推动税收对经济增长的积极影响。税收对于经济增长具有重要的作用与影响。合理的税收政策可以促进经济发展，推动稳定增长与结构优化。在制定与执行税收政策过程中，国家应依据经济发展阶段与需求，制定相应的措施与政策，以实现税收对经济增长的最大化效应。同时，税收政策的优化与创新也是实现经济增长与社会公平的重要手段。只有通过不断探索与实践，才能不断提升税收对经济增长的积极影响，为国家经济的健康发展做出更大的贡献。

三、税收征管技术的创新

税收征管技术的创新是税收改革的重要方向之一，旨在提高税收征管的效率、精准度和透明度。随着信息技术的不断发展和应用，各国纳税人数的增加、税收征管任务的复杂化以及跨境税收问题的增加，传统的税收征管模式已经无法满足现代社会对税收征管的要求，因此需要借助信息技术来进行改革和创新。税收征管技术的创新包括但不限于建立和完善电子税务系统、推行智能税收征管和风险管理系统、采用大数据和人工智能技术等手段来提高税收征管的效率和精准度。通过税收征管技术的创新，可以实现税收数据的实时监控和分析、纳税人信息的自动化管理和更新、税收执法的智能化和精准化等，从而提高了税收征管的效率和质量，减少了税收漏税和逃税的可能性，促进了税收制度的公平和公正。税收征管技术的创新是一种重要的国际经验，有助于改善税收征管环境，提高税收征管的效率和透明度。

四、跨国税收合作的强化

跨国税收合作的强化是税收改革的重要方向之一，旨在应对跨国税收问题，加强国际税收合作，共同打击跨国税收逃避行为，维护全球税收秩序的稳定和公平。随着全球化的加深和经济一体化的推进，跨国公司的跨境活动日益频繁，跨境资金流动规模不断扩大，使得跨国税收问题成为各国税收征管的重要挑战。为了应对这一挑战，各国之间需要加强税收信息交流和合作，共同打击跨国税收逃避行为，防止跨国公司通过利润转移、价格转移和避税手段来规避纳税义务，损害国家税收利益。此外，各国还可以通过签署双边或多边税收协定，建立税收信息交换机制，共同打击跨国税收犯罪，推动国际税收规则和标准的制定和落实，从而实现跨国税收合作的强化。跨国税收合作的强化是一种重要的国际经验，有助于加强国际税收合作，共同维护全球税收秩序的稳定和公平。内需，即国内需求，通常是由消费需求和投资需求组成的，但是实际上主要是通过刺激居民消费来达到拉动内需的目的的，因此本研究是从居民消费角度来研究拉动内需的税收政策的，对于被解释变量的选择。被解释变量应该表达居民的消费水平，所以我们用人均居民消费支出这个指标来衡量。居民消费支出指的是居民用于满足家庭日常生活消费的全部支出，是社会消费需求的主体，拉动经济增长的直接因素。所以我们选用它作为被解释变量来衡量居民的消费。数据性质的选择。因为我们所做的模型主要是针对我们国家，因此一般年份的数据都可以找到。而鉴于1994年税制改革后税收统计口径与从前有差异，所以本项目选取 1994—2011 年的数据建立时间序列模型。考虑到居民消费支出还受到价格因素的影响，因此要单纯地研究税收政策对居民消费的支出，需剔除价格因素的影响，故以 1994 年的人均消费支出为基准，对以后各年度的消费支出进行平减。随着时代的不断发展和经济的显著增长，我国居民的消费水平也在逐年提高。如果仅采用反映同一时间、不同解释变量的横截面数据显然会受到制约，从时间序列数据的角度分析更为合理。影响因素的分析众所周知，内需是相对于国内的需求，包括消费需求和投资需求。而消费需求是扩大内需的重点，平常所说的内需不足指的都是居民消费需求不足，因此本研究主要是从消费的角度来研究的。政府征税会导致居民的可支配收入减少，进而减少消费，但有时候会通过不同税种间的结构效应刺激居民消费，所以人均可支配收入是影响居民消费的首要因素。而税收政策不仅通过税收在经济生活中的收入效应体现出来，而且也通过替代效应反映出来，人均所得税，人均商品税，人均财产税等因素都对居民消费产生影响。下面进行具体的分析。

人均可支配收入，指的是总的人均收入，既包括城镇居民的人均可支配收入，也包括农村居民的人均纯收入。政府征税会减少居民的可支配收入，进而在总量上导致居民减少其消费支出，使得征税行为产生了收入效应，所以人均可支配收入会影响居民的消费。人均个人所得税，我国是发展中国家，因此所得税调节居民消费需求主要通过个人所得税来实现，一般表现为个人所得税的收入效应。政府在对居民的个人所得征税后只会减少纳税人的可支配收入，进而降低其消费的能力。在某些特殊情况下，比如纳税人的偏好问题也会产生替代效应，所以个人所得税具有调节收入分配差距，促进居民消费需求增长的作用。人均增值税，增值税在我国税收收入中所占比重大，并且在我国以流转税为主的税制结构下，增值税对收入分配具有明显的逆向调节作用，在此情形下，其也在一定程度抑制了我国的人均消费支出。人均消费税，收入的差距导致人们消费需求不同，其中高收入人群的消费需求一般较高。国家在对高收入者征收所得税的同时，还可以在这些人进行高消费时通过消费税进行调节。所以消费税有利于调节收入，缓解社会分配不公，从而调节人均消费支出。人均营业税，营业税是流转税的一部分，其作用机理与之前的两种税制相似，营业税存在大量重复征税的问题，所以在一定程度上会抑制居民收入，从而也进一步抑制了居民的人均消费。人均房产税，房产税是财产税的一个重要组成部分，所以我们选取其作为财产税的代表。而财产税一直是地方政府财政收入的主要来源。虽然征收财产税减少财产所有者的净收益，但因存量财产需要变现才可以用于消费，所以一般认为财产税对居民当前消费不产生影响，只是使财产相对于当前消费变得更加昂贵，即仅在购买财产与当期消费之间产生替代效应。理性消费者此时会增加当前消费，减少储蓄，这说明财产税有利于扩大居民消费。准备将以上这六个因素作为模型的解释变量。

因为本文主要是研究刺激居民消费的税收政策，所以对被解释变量 y，即人均居民消费支出和居民（包括城镇居民和农村居民）的人均可支配收入 $x1$、人均个人所得税 $x2$、人均增值税 $x3$、人均消费税 $x4$、人均营业税 $x5$、人均房产税 $x6$ 这 6 个解释变量作回归分析，并将方程的形式设定为：

$$\ln y = c + c1x1 + c2\ln x2 + c3\ln x3 + c4\ln x4 + c5\ln x5 + c6\ln x6 + u$$

然后，进行逐步回归，对模型进行修正，得出最正确的模型。

五、社会参与和透明度的提升

提升税收改革中的社会参与和透明度是一项关键举措，旨在增强公众对税收政策的了解、参与和监督，促进税收制度的公平和透明。在税收改革过程中，政府需要积极开展社会宣传和教育活动，向公众传达税收政策的目标、原则和影响，引导公众对税收政策的理解和支持。政府还应建立健全的信息公开制度，及时公布税收政策和税收征管的相关信息，提高税收政策的透明度和公开性，增强公众对税收政策的信任和认可。政府还应积极倾听社会各界的意见和建议，广泛征集社会各方面的意见和建议，加强与公众的沟通和互动，形成共识和共同参与税收改革的共识。通过提升税收改革中的社会参与和透明度，可以增强税收政策的民意基础，提高税收制度的公正和公平，促进社会和谐稳定。提升税收改革中的社会参与和透明度是一种重要的国际经验，有助于改善税收制度，提高税收政策的民主性和合法性。

第三章　税收征收与管理

第一节　税收征收的基本流程

一、税收征收概述

税收征收是政府通过法定程序向纳税人收取税款的过程，是税收制度的核心环节之一。税收征收包括了税收征收的对象、范围、方式和程序等方面。在税收征收过程中，政府依法确定纳税人的税收义务，并对其进行征收管理，以确保税款的合理征收和及时缴纳。税收征收涉及各个层面的纳税人，包括个人、企业、机构等，涵盖了不同类型的税种，如所得税、增值税、消费税等。税收征收的方式通常包括按月、按季度或年度进行征收，税款的缴纳则通过银行转账、现金支付等方式完成。税收征收的程序包括了纳税申报、税款核算、税务部门的审核和监督等环节。通过税收征收的基本概述，可以全面了解税收征收的运作机制和流程，为进一步深入探讨税收征收的技术与挑战奠定基础。

二、纳税义务的确定

纳税义务的确定是税收征收过程中的关键环节，涉及确定谁应该纳税以及应纳税的金额。这一过程通常基于法律规定和税收政策，根据纳税人的收入、资产、交易等情况来确定其应纳税的义务。在确定纳税义务时，税务部门会根据纳税人的个人身份或企业类型，按照相应的税法规定和税收政策进行核算和计算。对于个人纳税人，税务部门通常根据其所得额、个人财产等情况来确定其应纳税的金额，包括工资收入、投资收益、房产租金等各种来源的收入。对于企业纳税人，税务部门则根据其企业类型、经营范围、营业额等情况来确定其应纳税的金额，包括销售额、利润额、资产价值等各种指标。在确定纳税义务时，税务部门还会根据税法规定和税收政策，对纳税人的特殊情况进行考虑和调整，以确保税收征收的公平和合理性。纳税义务的确定是税收征收过程中的重要环节，关系到纳税人的权益和税收制度的稳定性。

三、税基和税率的确定

税基和税率的确定是税收征收过程中的关键步骤，直接影响着纳税人应缴纳的税款金额。税基指的是应用税率计算税款的基础，而税率则是政府规定的应缴税款的百分比。税基和税率的确定通常是根据税法规定和税收政策来执行的。税基可以是纳税人的收入、支出、交易额、资产价值等，具体取决于所适用的税种和征收标准。税率则是根据税法规定和税收政策确定的，可以是固定的比例税率，也可以是分级的或区间的税率。在确定税基和税率时，税务部门需要考虑到税收政策的目标、社会经济情况以及税收征收的公平性和可行性等因素。通过合理确定税基和税率，可以确保税收征收的公平性、有效性和稳定性，促进经济的健康发展和社会的稳定。税基和税率的确定是税收征收过程中的重要环节，需要税务部门根据实际情况进行科学合理的制定和调整。随着我国改革开放的不断深入以及经济体制的逐步完善，税收在引资中的影响权重随着其他各种因素影响的不断增强而减弱。2007 年《中华人民共和国企业所得税法》的通过以及 2008 年 1 月 1 日的正式实施，意味着我国涉外税制的方向性转变。以十七大精神为统领，重新定位税收在招商引资工作中的使命和功能，充分发挥税收在创新利用外资方式、优化利用外资结构、推动自主创新和区域协调发展等方面的作用是一个迫切而又现实的课题。1994 年，为改善投资环境，适应建立和发展社会主义市场经济的需要，我国涉外税制建设经过一段时期的发展、局部修改与完善后形成内外两套企业所得税税制，但从涉外税制建设的基本原则看，对外资由最初的全面优惠逐步向特定行业优惠过渡。虽然是内外两套企业所得税税制，但由于 1993 年 12 月 13 日将国营企业、集体企业和私营企业三个企业所得税暂行条例以及《国营企业调节税征收办法》进行整合并制定《中华人民共和国企业所得税暂行条例》，1994 年 1 月 1 日起开始实施的《中华人民共和国企业所得税暂行条例》，将内资企业所得税税率规定为 33%，与 1991 年制定的《中华人民共和国外商投资企业和外国企业所得税》的税率持平，说明当时内外资企业所得税的税负相对于改革初期已很接近了。除经营期在十年以上的生产性外商投资企业可享受"两免三减半"的优惠外，一般外资企业（不包括可享受特殊优惠的外资企业）与内资企业的征税规定基本相同。另外，在新的个人所得税制度下，中外籍人员适用的税率已完全相同（为照顾外籍人员的生活水平，新个人所得税制度允许在我国工作的外籍人员在就其工资、薪金缴纳个人所得税时，再扣除 3 200 元的附加减除费用）。所以，在涉外所得税征收上，我国已不再坚持全面优惠的原则。2007 年 3 月 16 日，十届全国人大五次会议通过《中华人民共和国企业所得税法》，并于 2008 年 1 月 1 日起开始施行，新法的通过及实施标志着我国从此告别企业所得税的"双轨"时代，真正实现"两税合一"。新企业所得税法从我国现阶段国情出发，针对当前在税收领域存在的新情况和新问题，进一步明确所得税征收原则，明确内外资企业适用统一的企业所得税税率，进一步规范了企业的税前扣除办法及其标准，完善了税收优惠政策，强化了税收征管。该法的贯彻实施将有利于我国产业结构优化升级，有利于为各类企业创造一个公平竞争的税收环境，标志着未来我国涉外税制建设由对外资优惠转向统一税制、公平竞争。

四、税收申报和报税流程

税收申报和报税流程是税收征收过程中的重要环节，是纳税人向税务部门申报应纳税款并进行缴纳的程序。在税收申报和报税流程中，纳税人需要按照税法规定和税务部门的要求，填写相应的纳税申报表和报税表，详细列出自己的收入、支出、资产等情况，并根据税法规定和税收政策计算应缴纳的税款金额。完成纳税申报后，纳税人需要按照规定的时间和方式，将申报表和相应的税款缴纳到指定的银行或税务机关。税务部门在接到纳税申报表后，会进行审核和核对，确保纳税申报的真实性和准确性，并对纳税人的申报情况进行检查和审查。在整个税收申报和报税流程中，税务部门还会向纳税人提供相应的纳税咨询和指导，帮助纳税人正确、及时地完成纳税申报和报税工作。通过税收申报和报税流程，可以实现纳税人的合法权益保护，确保税款的及时缴纳，促进税收征管的规范和有效。税收申报和报税流程是税收征收过程中不可或缺的重要环节，需要税务部门和纳税人共同配合，确保其顺利进行。改革开放以来，我国着实抓住了发展的机遇，经济方面不断以较高的速度发展，推动经济发展的主要是"三驾马车"，其中的消费主要通过内需来表现。1994 年我国税制体制改革以来，我国内需不断扩大，逐渐形成"多层次，宽领域"的格局。

1998 年以来，我国扩大内需的税收政策简析鼓励投资的税收政策。一是在 2000 年暂停征收固定资产投资方向调节税，每年减少税收 100 亿元，对启动房地产市场起到了重要作用；二是从 1999 年 7 月 1 日起，各类企业用于符合国家产业政策的技术改造项目的国产设备投资，按 40% 的比例抵免企业所得税。这是一项含金量很高的政策，有力推动了社会的投资额；三是对中小企业减免企业所得税。2002 年 6 月 29 日，九届全国人大常务委员会第二十八次会议通过了《中华人民共和国中小企业促进法》，该法规定：鼓励对中小企业发展基金的捐赠和各类依法设立的风险投资机构增加对中小企业的投资。对几类中小企业在一定期限内减征、免征所得税，实行税收优惠；四是对国有大中型企业改制分流经济实体的企业所得税实行优惠；五是四次调整证券交易印花税税率，目前已降至 2‰。刺激消费的税收政策。如 1999 年我国恢复对储蓄存款利息所得征收个人所得税；1999 年为刺激我国房地产市场的发展，出台了有关房地产契税、营业税、土地增值税的优惠政策。2002 年 2 月 10 日，我国出台了《关于2002 年减轻农民负担工作的意见》。意见中指出：要继续执行禁止平摊农业特产税、屠宰税的规定；做好农村税费改革试点地区农民负担的监督管理工作；普遍推行农业税收"公示制"；继续抓好农民负担的监督检查，规范农业税收征管，防止违反规定平摊税收，落实好灾区和贫困地区农业税费减免政策。金融业税收政策。一是降低金融企业的营业税税率，并从 2001 年起分三年营业税率由 8% 降到 5%；二是调整金融保险坏账准备金税收政策，对其按提取呆账准备资产期末余额 1% 计提的部分，准予在企业所得税前扣除；二是给予开放式证券投资基金税收优惠；三是对黄金交易实行增值税优惠。资源开发和综合利用、高新技术方面的税收政策。一是对冶金联合企业矿山铁矿石减征资源税；二是对利用废物生产和回收原料减免增值税；三是鼓励软件产业和集成电路产业发展的税收优惠。科教文卫方面的税收政策。一是对少数民族和西部地区教育实行税收优惠；二是对职业教育实行所得税优惠；三是给予民办教育税收优惠。

　　归纳我国自 1998 年以来的税收政策，得到两点结论：一是近年来的税收政策调整是有增有减、以减为主的结构性调整；二是这种税收政策的结构调整在特定的阶段并没有引起税收减收，相反，税收收入还保持持续增长。我国也采取了一些政策措施，但主要是财政支出和信贷方面的政策措施。如在财政支出方面采取各种措施进一步提高城乡居民的收入，特别是低收入阶层的收入。2000 年下半年以来，中央采取提高中低收入阶层三条保障线的水平，增加国家公务员工资水平等政策措施，对增加居民收入、刺激消费需求起到了明显效果。在信贷方面主要采取对住房、耐用消费品、旅游、教育等大宗消费支出贷款方式，在居民收入不变的前提下，通过转变消费观念、鼓励提前消费来扩大消费规模，增加消费需求。在税收方面主要是开征利息税，来促使个人将储蓄转为消费。由此可见，税收政策对内需影响巨大，二者之间有着千丝万缕的联系。因此研究税收对内需的影响有着重要的经济意义。本研究就将对二者具体的关系展开论述和分析。

五、税收征缴和监督管理

　　税收征缴和监督管理是税收征收过程中的最后一环，涉及纳税人向税务部门缴纳应纳税款的具体操作以及税务部门对纳税人缴税情况的监督和管理。在税收征缴阶段，纳税人按照税法规定和税务部门的要求，将申报后计算出的应纳税款按时缴纳到指定的银行或税务机关，并取得缴款凭证。税务部门在接到纳税人的缴款后，会对缴纳情况进行核对和记录，确保税款的准确性和完整性。同时，税务部门还会对纳税人的缴税情况进行监督和管理，通过税务稽查、核查和审计等手段，对纳税人的纳税行为进行检查和评估，发现并纠正可能存在的违法行为和税收违规行为。通过税收征缴和监督管理，可以实现税收的及时征缴和有效管理，保障国家税收收入的稳定和可持续，维护税收制度的公平和公正。税收征缴和监督管理是税收征收过程中的重要环节，需要税务部门和纳税人共同努力，确保其顺利进行。

第二节　税收管理的技术与挑战

一、电子税务系统的应用

电子税务系统是利用信息技术和网络平台实现税收管理的工具，其应用旨在提高税收管理的效率、透明度和便利性。电子税务系统涵盖了税收征收、申报、缴纳、审核、监督等各个环节，通过在线平台和数字化技术，实现纳税人和税务部门之间的信息交流和业务办理。在电子税务系统中，纳税人可以通过网上申报、网上缴费等方式完成税收申报和缴税流程，无须再去税务机关办理相关手续，节省了时间和成本。同时，税务部门可以通过电子税务系统实时监控纳税人的纳税行为，对税收数据进行统计分析和风险评估，及时发现并处理异常情况，提高了税收征管的效率和精准度。通过电子税务系统的应用，可以实现税收管理的信息化、智能化和便利化，为纳税人和税务部门提供了更加便捷和高效的服务，促进了税收征收的规范和有效。电子税务系统的应用也面临着网络安全、数据保护、信息泄露等风险和挑战，需要加强技术安全和管理监督，保障税收数据的安全和隐私。

二、数据分析与风险管理

数据分析与风险管理是现代税收管理中至关重要的一环，旨在通过对大数据的收集、整理和分析，识别和评估纳税人的风险，并采取相应的措施加以管控。随着信息技术的发展，税务部门可以收集大量的税收数据，包括纳税人的申报信息、缴税记录、财务报表等，通过数据分析技术，可以对这些数据进行深度挖掘和分析，发现纳税人的潜在风险行为，如逃税、偷税、漏税等，及时采取相应的措施加以处置。数据分析与风险管理的核心在于建立有效的风险评估模型和预警机制，通过多维度、多层次的数据分析，对纳税人的风险进行量化和评估，识别高风险纳税人，并对其进行重点监管和审查。同时，税务部门还可以通过数据分析技术，对税收数据进行实时监控和分析，发现异常情况和突发事件，及时采取相应的措施进行处理，保障税收征管的安全和稳定。通过数据分析与风险管理，可以实现税收管理的精细化、智能化和预防性，提高了税收征管的效率和质量，促进了税收制度的公平和公正。数据分析与风险管理也面临着数据安全、隐私保护、技术更新等方面的挑战，需要加强技术研发和管理监督，确保税收数据的安全和合法使用。

三、纳税人服务与沟通

纳税人服务与沟通是税收管理中至关重要的一环，旨在为纳税人提供便捷、高效的服务，加强纳税人与税务部门之间的沟通与互动。在现代税收管理中，税务部门不仅要履行税收征管职责，还要充分考虑纳税人的需求和权益，建立良好的纳税人服务体系，提供多样化的服务方式和渠道，为纳税人提供便捷、高效的服务。纳税人服务包括税收政策咨询、税收申报指导、税务证明办理等多种形式，可以通过网上办税、电话咨询、窗口服务等方式进行。税务部门还可以利用新技术，如人工智能、大数据等，提高服务水平和效率，为纳税人提供更加智能化、个性化的服务。同时，税务部门还要加强与纳税人的沟通与互动，倾听纳税人的意见和建议，及时回应纳税人的需求和诉求，建立起良好的合作关系和互信基础。通过纳税人服务与沟通，可以增强纳税人对税收政策的理解和支持，促进税收征管的顺利进行，提高税收征缴的合规性和自愿性。纳税人服务与沟通也面临着服务效率、服务质量、信息保护等方面的挑战，需要税务部门加强技术研发和管理监督，提高服务水平和质量，保障纳税人的合法权益和隐私。

四、税收合规性与监督管理

税收合规性与监督管理是税收管理中的重要内容，旨在促进纳税人自觉遵守税法，提高税收征管的效率和质量。税收合规性是指纳税人依法履行纳税义务，按时足额地缴纳税款的行为，是税收征管的基础和核心。税务部门在税收合规性监督管理中，主要通过加强税务稽查、核查和审计等手段，对纳税人的纳税行为进行监督和检查，发现并处理税收违法行为和逃税行为。在监督管理过程中，税务部门还可以利用信息技术和大数据分析等手段，对纳税人的纳税行为进行实时监控和分析，发现异常情况和突发事件，及时采取相应的措施进行处理，提高了税收征管的精准性和实效性。同时，税务部门还要加强对税收征管人员的监督管理，建立健全的内部控制和监督机制，防止滥用职权和徇私舞弊等行为，确保税收征管的公正和公平。通过税收合规性与监督管理，可以有效维护税收法律的权威性和尊严性，提高了税收征管的效率和质量，促进了税收制度的公平和公正。税收合规性与监督管理也面临着监管难度大、成本高、人力资源不足等挑战，需要税务部门加强技术创新和管理改进，提高监管水平和能力，保障税收征管的顺利进行。

五、技术安全与隐私保护

技术安全与隐私保护是税收管理中至关重要的方面，旨在保障税收数据的安全性和纳税人的隐私权。在数字化和信息化税收管理中，税务部门需要采取有效的技术措施，保障税收系统的安全性，防范网络攻击、数据泄露和信息篡改等风险。这包括建立健全的网络安全体系、加密数据传输、设立防火墙和安全认证等技术手段，确保税收数据的完整性和保密性。同时，税务部门还要加强对税收数据的访问权限管理，设立严格的数据访问和审计制度，监控和记录对税收数据的访问情况，防止非法访问和滥用。在税收征管过程中，税务部门还要保障纳税人的隐私权，严格遵守相关法律法规，对纳税人的个人信息进行保护，不得擅自泄露和滥用。税务部门还可以通过加强纳税人教育和信息披露，提高纳税人对税收数据安全的重视和保护意识，共同维护税收系统的安全和稳定。通过技术安全与隐私保护，可以保障税收数据的安全和纳税人的合法权益，提高了税收征管的信誉和可信度，促进了税收制度的公正和公平。技术安全与隐私保护也面临着技术更新、成本投入和人员培训等方面的挑战，需要税务部门加强技术研发和管理监督，不断提升技术水平和保障能力，确保税收数据的安全和合法使用。

第三节　税收合规性与透明度

一、纳税人合规性的重要性

纳税人合规性指的是纳税人依法履行纳税义务、按时足额地缴纳税款的行为。纳税人的合规性对于税收征管和国家财政稳定具有重要意义。纳税人的合规性直接影响着国家税收收入的稳定和可持续。只有纳税人积极履行纳税义务，按时足额地缴纳税款，国家财政才能够得到可靠的税收收入，保障政府开支的正常运转。纳税人的合规性是税收征管的基础和前提。纳税人的合规行为可以减少税务部门的监管成本和工作压力，提高税收征管的效率和质量。纳税人的合规性还可以增强税收制度的公信力和稳定性，促进税收政策的顺利执行和社会经济的稳定发展。加强纳税人合规性的培育和引导，是税收征管工作的重要任务，需要税务部门积极采取有效措施，提高纳税人的合规意识和自觉性，建立起健全的税收征缴制度和监督机制，促进纳税人自觉遵法、依法纳税。

二、透明度在税收征管中的作用

透明度在税收征管中扮演着至关重要的角色，它是指税务部门对税收政策、征收标准、税收管理程序等方面的公开透明程度。透明度的提高有助于增强税收制度的公信力和透明度，提高纳税人对税收政策的理解和支持，促进税收征管的规范和有效。透明度可以提高税收政策的可预见性和稳定性，让纳税人清楚了解税收政策的调整和变化，避免因为政策变动而导致的不确定性和混乱。透明度可以增加税收管理的公开性和可信度，让纳税人了解税务部门的工作流程和程序，保障税收征管的公平和公正。透明度还可以提高纳税人对税收征管的参与度和配合度，让纳税人更加主动地履行纳税义务，增强税收管理的效率和质量。加强税收征管中的透明度建设，有助于增强税收征管的合规性和透明度，促进税收制度的公正和公平。在实践中，税务部门可以通过建立税收政策公开平台、发布税收信息公告、开展纳税人教育等方式，提高税收管理的透明度和公开程度，加强与纳税人的沟通与互动，共同维护税收制度的公正和公平。

三、提升税收合规性的措施

提升税收合规性是税收征管工作中的关键任务之一，为此，税务部门需要采取一系列措施来引导和促进纳税人的合规行为。税务部门可以加强税收法规宣传和培训，提高纳税人对税法的认知和理解，增强其自觉遵守税法的意识。税务部门可以优化税收政策和征收制度，简化税收征缴程序，降低纳税成本，提高纳税人的纳税积极性。税务部门还可以加大税收执法力度，严厉打击偷税、逃税等违法行为，维护税收秩序的正常运转。税务部门还可以加强对高风险行业和领域的监管，对重点纳税人进行重点监管和审核，提高税收合规性的有效性和针对性。税务部门还可以加强与其他政府部门和社会机构的合作，共同建立起多层次、全方位的税收合规管理体系，形成合力，促进税收合规性的提升。通过这些措施的落实和实施，可以有效引导和促进纳税人的合规行为，提高税收征管的效率和质量，保障国家税收收入的稳定和可持续。

四、透明度与税收治理的关联

透明度与税收治理密切相关，它不仅是税收治理的基础，也是税收治理的核心原则之一。透明度的提高可以帮助税务部门更好地了解税收市场的运作状况、纳税人的行为特征以及税收政策的实施效果，从而更加有效地制定和调整税收政策，促进税收制度的进一步优化和完善。透明度还可以加强税收管理的公开性和监督性，让纳税人和社会公众了解税务部门的工作流程和程序，监督税收管理的公正和公平。透明度还可以促进税收信息的共享和交流，加强税收部门与其他政府部门和社会机构的合作，形成合力，共同维护税收制度的稳定和健康发展。通过透明度与税收治理的关联，可以实现税收治理的科学化、规范化和公正化，提高了税收管理的效率和质量，促进了税收制度的公正和公平。加强透明度建设，是税收征管工作的重要任务之一，需要税务部门加强技术建设和管理监督，提高透明度水平，促进税收制度的进一步完善和发展。

五、国际合作与税收信息交换

国际合作与税收信息交换是提升税收合规性和透明度的重要手段之一。随着经济全球化的深入发展，跨国资金流动日益频繁，税收逃避和避税现象也日益突出，国际合作和信息交换成为应对跨国税收挑战的重要手段。税务部门可以通过加强与其他国家税务部门的合作，建立起多边和双边税收合作机制，共同打击跨国逃税和避税行为，保障各国的税收权益和税收公平。同时，税务部门还可以积极参与国际税收信息交换机制，如全球论坛（Global Forum）、共同报告标准（Common Reporting Standard，CRS）等，加强税收信息的共享和交流，提高对涉外税收事务的监管能力和水平，促进国际税收治理的规范和健康发展。通过国际合作与税收信息交换，可以实现税收治理的国际化、专业化和智能化，提高了税收征管的效率和质量，促进了国际税收秩序的稳定和健康发展。加强国际合作和税收信息交换，是提升税收合规性和透明度的重要举措，需要各国税务部门加强沟通与协调，共同应对全球税收挑战，实现税收征管的全球化和标准化。

第四节 电子税务系统的应用

一、电子税务系统概述

电子税务系统是指利用现代信息技术和电子商务手段，对税收征管活动进行全面电子化、网络化和智能化管理的系统。它涵盖了税收征缴、税务管理、税收服务等方面的功能，旨在提高税收管理的效率和质量，促进税收制度的现代化和智能化发展。电子税务系统通过建立起统一的税务信息平台，整合各级税务部门的数据资源，实现了信息共享和协同办公，提高了税收管理的科学化和规范化水平。同时，电子税务系统还可以提供多样化的税收服务，满足纳税人的多元化需求，促进了纳税人的合规行为和自愿缴税意愿。通过电子税务系统的概述，可以更好地了解其功能和作用，为后续深入探讨电子税务系统的应用提供基础。

二、电子税务系统的核心功能

电子税务系统作为现代税收管理的重要工具，其核心功能多样且广泛。它提供了纳税申报与缴纳的便捷途径，使纳税人能够通过在线平台完成税务申报表的填写、税款金额的计算以及缴纳方式的选择，从而大大提高了纳税人的办税效率和便利性。系统允许纳税人进行税务查询与通知，包括个人或企业的税务信息、纳税记录、税款缴纳情况等内容，实现了对税务信息的实时查阅和掌握，方便了纳税人的税收管理。电子税务系统还承担了税收管理与监督的任务，使税务部门能够全程监督和管理纳税人的纳税行为，包括纳税申报的审核、税收征缴的监督以及对税务违法行为的查处等工作。系统也提供了税收服务与信息发布的功能，为纳税人提供税收政策解读、税收法规咨询、税收优惠申请等服务，并通过发布税收政策和通知，及时向纳税人传递重要信息，促进了税收信息的共享和交流。电子税务系统实现了数据共享与协同办公，不同级别的税务部门能够通过系统共享数据资源，实现信息互通和业务协作，提高了税收管理的整体效率和水平。电子税务系统的核心功能涵盖了纳税申报与缴纳、税务查询与通知、税收管理与监督、税收服务与信息发布、数据共享与协同办公等多个方面，为税收征管提供了全方位、多层次的支持和保障。

三、电子税务系统的优势与特点

电子税务系统具有诸多优势和特点，使其成为现代税收管理的重要工具。电子税务系统实现了税收征管的数字化和自动化，大大提高了税收管理的效率和质量。纳税人可以通过在线平台完成各项税务申报和缴纳工作，减少了传统纸质申报的时间和成本，提高了办税的便利性和效率。电子税务系统具有信息共享和协同办公的特点，各级税务部门之间可以共享数据资源，实现信息的互通和业务的协作，提高了税收管理的一体化运作水平。电子税务系统还提供了多样化的税收服务和智能化的税收管理功能，包括税收政策解读、税收优惠申请、税收风险预警等内容，满足了纳税人和税务部门的多元化需求。电子税务系统实现了税收管理的透明化和监督化，纳税人和社会公众可以随时随地查阅税务信息，监督税收政策的执行和税务部门的工作行为，提高了税收管理的公开透明度和社会监督性。综上所述，电子税务系统具有数字化、自动化、信息共享、智能化、透明化等特点，为税收征管提供了强有力的支持和保障，促进了税收管理的现代化和智能化发展。

四、电子税务系统的应用案例分析

电子税务系统在全球范围内的应用案例呈现了其在税收征管中的显著作用和实际效果。以爱沙尼亚为例，该国已实现了税收数字化程度的全面提升，其电子税务系统为纳税人提供了便捷的税务申报和缴纳服务，通过智能手机或电脑即可完成全程操作，极大地节约了纳税人的时间和成本，成为国际上的典范。类似地，新加坡的"我的税务系统"也为纳税人提供了一站式的电子税务服务平台，实现了个人和企业税务事务的全面管理和监督，提高了税收管理的效率和透明度。而中国作为全球最大的税收市场之一，其电子税务系统应用也取得了显著进展。通过"中国税务"App或电子税务局网站，纳税人可以方便地完成税务申报和查询，推动了税收管理的现代化和智能化发展。这些案例展示了电子税务系统在提高税收管理效率、优化税收服务、促进税收合规性方面的实际效果，为其他国家或地区的税务部门提供了借鉴和参考。通过借鉴这些成功经验，可以进一步推动电子税务系统在全球范围内的推广和应用，实现税收管理的现代化和智能化转型。

五、电子税务系统的发展趋势

未来电子税务系统的发展趋势显示出其在税收管理领域的前景和潜力。系统将趋向智能化服务，通过人工智能、大数据等技术实现个性化、智能化的税务服务，为纳税人提供更加便捷和贴心的税收管理体验。跨平台应用将成为主流趋势，纳税人可以随时随地通过电脑、智能手机等设备进行操作，提高了办税的便利性和灵活性。在数据安全保障方面，未来的系统将加强数据安全管理，采用先进的加密技术和严格的监管措施，保护纳税人的个人和财产信息不受侵犯。数字化创新是未来系统的重要方向，引入新技术和新模式，提高税收管理的效率和质量，实现税收数据的共享和交流。系统将更加注重国际化应用，加强与其他国家和地区的合作与交流，推动国际税收信息交换和合作机制的建立和完善，促进全球税收管理的协调性和效率。这些发展趋势将为税收管理的现代化和智能化发展提供有力支持，助力税收系统更好地适应数字化时代的发展需求。

第四章 财政政策、税收与宏观经济

第一节 财政政策的宏观经济作用

一、宏观经济调控的重要性

宏观经济调控的重要性不仅体现在对经济总体状况的影响上，还在于其对社会稳定和国家长远发展的影响。经济发展往往伴随着周期性波动，如经济增长、通货膨胀、经济衰退等，而宏观经济调控的目的就在于应对这些波动，维持经济稳定。财政政策在这一过程中扮演着关键角色，通过调整政府支出和税收等手段，对总需求进行调控，从而影响经济活动的水平和速度。在经济增长方面，财政政策通过增加政府支出、降低税收等方式来刺激经济活动，促进投资和消费，从而推动经济增长。这种积极的财政政策能够在经济低迷时期提振信心，创造就业机会，提高生产水平，推动整个经济体系朝着更加繁荣的方向发展。财政政策也能够对通货膨胀进行控制。当经济过热时，通货膨胀可能会加剧，为防止通货膨胀蔓延，政府可通过提高税收、减少支出等方式收紧财政政策，抑制过度投资和消费，以达到稳定物价水平的目的。在经济衰退或危机时期，财政政策可以通过增加政府支出、减少税收等手段来刺激经济，增加总需求，促进经济的复苏和发展。这种积极的财政政策有助于减轻经济衰退的影响，缩短经济衰退的持续时间，为经济走出困境提供支持。宏观经济调控的重要性体现在维护经济稳定、促进经济增长、控制通货膨胀和应对经济衰退等方面。财政政策作为宏观经济调控的重要工具，其有效实施对于保持经济运行平稳、实现经济可持续发展具有重要意义。

二、财政政策的基本原理

财政政策的基本原理是在特定经济环境下，政府通过调整支出和税收水平来影响总需求，进而对经济产生影响的一系列理论和原则。这些基本原理包括总需求调节原理，即通过调整政府支出和税收水平来改变总需求水平，以实现宏观经济调控目标。财政政策具有自动稳定器的功能，即在经济波动时，税收和政府支出会自动调整，以缓解经济波动的影响。财政多重乘数原理指出，一次财政政策的变化可能通过消费、投资和出口等渠道产生连锁反应，放大其对经济的影响。财政政策的效果并不是立即产生的，而是具有时滞效应，需要一定时间延迟才能显现出来。财政政策的制定还应考虑资源配置效率和公共利益的平衡，政府需要在支出和税收决策中综合考虑资源的最优配置和公共利益的实现，以确保经济的稳定和社会的发展。这些基本原理构成了财政政策制定和实施的理论基础，指导着政府在宏观经济调控中的行动和决策。

三、财政政策在经济周期中的应用

财政政策在经济周期中的应用是指根据经济的不同阶段，采取相应的财政政策措施，以应对经济的增长、衰退或稳定。经济上升阶段，政府可以通过调整税收政策和控制支出增速等手段，抑制过热经济，防止通货膨胀加剧，从而维持经济增长的稳健和可持续性。例如，通过提高税收、减少政府支出来抑制过度的消费和投资，以降低总需求，控制物价上涨。相反，在经济下行阶段，政府可以采取扩张性财政政策，通过增加政府支出、减税等方式来刺激总需求，促进经济复苏和增长。这样的措施可以提高经济活动水平，增加就业机会，促进投资和消费，有助于缓解经济衰退的压力，加速经济的复苏。财政政策也可以在经济稳定阶段发挥作用，政府可以通过调整政府支出和税收政策来平衡经济增长和通货膨胀之间的关系，维持经济的稳定增长。在这种情况下，政府需要审慎权衡各种政策工具的利弊，以确保经济的长期可持续发展，同时维护物价的稳定和社会的和谐。财政政策在经济周期中的应用需要根据经济的实际状况和政策目标来灵活调整，以实现经济的平衡和可持续发展。

四、财政政策与通货膨胀控制

财政政策在通货膨胀控制方面发挥着重要作用。通货膨胀是指货币供应量过度增长导致货币价值下降，进而引发物价上涨的现象。政府可以通过调整财政政策来控制通货膨胀，防止通货膨胀对经济造成不利影响。一种常见的财政政策手段是通过紧缩性财政政策来控制通货膨胀。在经济出现过热和通货膨胀压力加大时，政府可以采取提高税收、减少政府支出等措施来抑制总需求，降低物价水平。通过增加税收，减少可支配收入，抑制消费和投资需求，从而减缓经济增长速度，减少通货膨胀压力。同时，减少政府支出可以减少政府在经济中的消费和投资，进一步降低总需求，缓解通货膨胀压力。另一种方式是通过扩张性财政政策来控制通货膨胀。在通货紧缩的情况下，政府可以通过增加政府支出、减税等方式来刺激总需求，促进经济的发展，以缓解通货膨胀压力。增加政府支出可以增加对商品和服务的需求，刺激生产和就业，有助于平衡市场供需关系，抑制物价上涨。同时，通过减税可以增加个人和企业的可支配收入，提高消费和投资需求，进一步促进经济的复苏和增长。财政政策在通货膨胀控制中发挥着重要作用，政府可以通过调整财政支出和税收政策，采取相应措施来稳定物价水平，维护经济的稳定和可持续发展。

五、财政政策对经济增长的影响

财政政策对经济增长有着重要的影响。通过调整政府支出和税收政策，政府可以直接影响经济的总需求和总供给，从而对经济增长产生影响。一方面，通过增加政府支出，政府可以刺激总需求，促进经济增长。增加政府支出意味着增加了政府对商品和服务的需求，从而带动了生产和投资活动。特别是在经济低迷或衰退时期，扩张性财政政策可以有效地拉动经济，促进就业增长，推动经济重新走上增长轨道。另一方面，通过调整税收政策，政府也可以影响经济增长。降低税收水平可以增加个人和企业的可支配收入，激发消费和投资需求，从而促进经济增长。同时，适当的税收政策也能提高企业的竞争力和创新活力，为经济增长创造良好的环境。需要注意的是，财政政策对经济增长的影响是有限的，其效果受到多种因素的影响，包括货币政策、外部环境、经济结构等。在制定和实施财政政策时，政府需要全面考虑各种因素，以确保政策的有效性和可持续性，最大限度地促进经济增长。

第二节　税收与经济增长

一、税收对经济增长的影响

税收对经济增长有着深远影响。其影响体现在多个方面。税收制度的设计和实施直接影响资源的配置效率。一个高效的税收制度能够提供公共产品和服务，为经济发展提供必要的基础设施和社会保障，从而促进生产要素的合理配置和经济效率的提高。税收政策对个人和企业的行为产生激励与约束效应。通过税收政策调整，政府可以引导经济主体的行为，促进投资、创新和就业，同时限制不良行为，如过度消费、污染排放等，有利于经济结构的优化和可持续发展。此外，税收制度也影响着个人和企业的投资和储蓄决策。税收政策中的投资优惠措施可以鼓励资本的积累和投资活动，促进经济增长。对于个人所得税和利润税等税收，其税率水平和税收基础的设计也会影响储蓄行为，进而影响资本市场的发展和资源配置效率。税收政策对消费和需求的影响也非常显著。税收政策中的消费税和增值税等间接税可以影响消费品价格，从而影响消费者的购买决策和消费行为。税收政策的调整也会影响人们的可支配收入水平，进而影响整体需求水平和经济增长。税收政策对企业创新和竞争力的影响也不容忽视。税收优惠政策可以激励企业增加研发投入，提高技术水平和产品质量，增强市场竞争力，促进经济创新和转型升级。同时，税收政策也可以通过减少税负和简化税制来提高企业的经营环境，增强企业的竞争力，有利于经济的长期增长。

二、税收结构与经济增长

税收结构指的是税收体系中各项税种在总税收中的比重和组成。税收结构的合理设计对经济增长具有重要影响。税收结构的合理性直接影响到资源配置效率。一种多元化、均衡的税收结构有助于平衡税收负担，降低税收歧视性，促进资源的有效配置，从而推动经济增长。税收结构的优化能够提高经济的抗风险能力。过于依赖某一类税收，特别是对生产要素过度征税，可能导致经济活动受到严重影响，降低经济的稳定性和韧性。通过调整税收结构，降低对生产要素的过度征税，增加对消费和贸易等活动的税收，有助于提高经济的抗风险能力，促进经济长期增长。税收结构的优化也对企业创新和竞争力产生重要影响。降低对研发和创新活动的税收，提高对技术创新和知识产权保护的支持力度，有助于激发企业的创新活力，推动经济的结构调整和转型升级，为经济增长注入新的动力。综上所述，税收结构的合理设计是实现经济增长和发展的重要条件之一。政府应该根据国家的经济发展阶段和结构特点，科学制定税收政策，优化税收结构，推动经济持续健康发展。

三、税收政策与刺激经济增长

税收政策在刺激经济增长方面具有重要作用。通过调整税收政策，政府可以直接影响经济体系的运行和发展，从而促进经济增长。一种常见的税收政策手段是降低税率。降低个人所得税、企业所得税等税率可以提高个人和企业的可支配收入，刺激消费和投资需求，促进经济的增长。此外，降低消费税、增值税等间接税税率也可以降低商品价格，增加消费者的购买力，进而拉动市场需求，促进经济增长。除了降低税率外，税收政策还可以通过减税优惠等方式刺激经济增长。例如，对于新兴产业、技术创新和高新技术企业，政府可以给予税收优惠政策，降低其税负，激励企业增加研发投入，促进技术创新和产业升级，推动经济增长。此外，税收政策还可以通过简化税制、提高税收征管效率等方式促进经济增长。简化税制可以降低企业的税收成本和税收风险，提高企业的经营效率，有利于经济的发展。同时，提高税收征管效率可以减少逃税行为，增加税收收入，为政府提供更多的财政支持，推动公共服务和基础设施建设，促进经济的增长和发展。综上所述，税收政策在刺激经济增长方面发挥着重要作用。政府应该根据国家的经济状况和发展需要，科学制定税收政策，采取有力措施促进经济增长。

四、税收优惠与经济增长关系

税收优惠政策是指政府为了促进经济增长和发展而对特定行业、企业或活动给予的税收减免、免税或税收优惠措施。这些优惠政策可以在一定程度上刺激经济增长，并在一定范围内产生积极的经济影响，税收优惠政策可以激发企业投资和创新活动。通过降低企业的税负或提供税收抵免，政府可以鼓励企业增加投资，加大技术研发和创新力度，促进产业升级和转型，推动经济的结构优化和增长。税收优惠政策还可以促进就业创造和人才引进。通过对新兴产业或人才密集型行业实行税收优惠，政府可以吸引更多的企业投资和人才流入，推动就业增长，促进经济发展。此外，税收优惠政策还可以促进地区经济发展和区域协调。政府可以通过对特定地区实施税收优惠政策，吸引更多的投资和人才流入，促进地区经济的发展和区域间的协调发展，推动全国经济的稳定和增长。需要注意的是，税收优惠政策也存在一些负面影响和挑战。过度依赖税收优惠政策可能会导致税收收入减少，财政赤字增加，影响财政稳定和可持续发展。此外，税收优惠政策可能会导致资源配置不合理，产生资源浪费和低效率问题。政府在实施税收优惠政策时，应该科学制定，合理规划，避免出现过度依赖和失衡问题，以实现经济增长和发展的长期可持续性。

五、税收改革与促进经济增长

税收改革是指通过对税收制度和政策进行调整和改革，以促进经济增长和发展的目的。税收改革的实施对经济增长具有重要影响。税收改革可以提高税收制度的公平性和效率性。通过简化税制、优化税收结构、增加税收征管力度等措施，可以减少税收歧视和不公平现象，提高税收征收效率，增加税收收入，为政府提供更多的财政支持，促进经济发展。税收改革可以优化资源配置和提高经济效率。通过减少对生产要素的过度征税、降低税收成本、促进企业投资和创新等方式，可以优化资源配置，提高生产效率，推动经济结构调整和产业升级，为经济增长注入新的动力。税收改革还可以促进市场经济的发展和健康竞争。通过取消不合理的税收优惠和补贴，减少政府对市场的干预，增强市场竞争力，有利于推动市场经济的发展和健康竞争，促进资源的有效配置和经济的长期增长。税收改革也面临一些挑战和困难。税收改革可能会导致部分利益受损，引发社会矛盾和抵制。在进行税收改革时，政府应该加强宣传和沟通，广泛征求各方意见，凝聚社会共识，推动税收改革的顺利实施。综上所述，税收改革是促进经济增长和发展的重要手段之一。政府应该加强对税收改革的研究和推进，不断完善税收制度和政策，为经济的健康发展提供坚实的税收支持。

第三节　财政赤字、债务与稳定性

一、财政赤字的概念与成因

财政赤字是指政府在一定时期内支出超过收入的情况，即财政支出大于财政收入的差额。其产生原因多种多样，包括但不限于以下几个方面：经济周期性因素是导致财政赤字的重要原因之一。在经济增长放缓或衰退时，政府税收收入减少，同时因为经济衰退而增加的社会保障支出、失业救助等支出也可能增加，导致财政赤字扩大。政府在应对紧急情况或实施重大项目时往往需要增加支出，例如自然灾害、战争、基础设施建设等，这些支出也会导致财政赤字的出现。税收政策的调整、社会福利政策的扩大、公共服务项目的增加等也可能是财政赤字增加的原因。财政赤字的产生是由多种因素综合作用而成，对经济的稳定和发展具有重要影响。

二、财政赤字对经济稳定性的影响

财政赤字对经济稳定性有着广泛而深远的影响。财政赤字可能导致政府债务水平的上升，增加政府支付利息的负担，进而挤占其他重要支出的资金，如教育、医疗等公共服务领域的投入，影响社会经济的发展和人民生活水平的提高。财政赤字可能引发通货膨胀和金融不稳定。当政府为填补财政赤字而增加货币供应时，可能会导致货币贬值和通货膨胀，从而损害经济的稳定性和社会福祉。财政赤字也可能导致国际信用评级下调，加剧国际投资者对国家经济前景的担忧，进而引发资本外流和汇率波动，对经济稳定性产生不利影响。财政赤字对经济稳定性的影响十分复杂，政府应采取有效措施加以控制和缓解，以确保经济持续稳定发展。

三、债务水平与可持续性

财政赤字的持续存在可能导致政府债务水平的不断上升，进而影响经济的可持续发展。政府债务水平的上升可能会增加政府财政支出的利息负担，限制了政府在其他领域的支出和投资。高债务水平还可能增加政府债务违约的风险，引发金融危机和经济动荡。政府应当关注债务水平的可持续性，采取有效措施控制债务水平的上升。这包括实施财政纪律，控制财政支出，加强税收征管，提高税收收入，推进财政体制改革等措施，以保持债务水平在可控范围内，维护经济的稳定和可持续发展。

四、政府债务管理与风险控制

有效的政府债务管理对于维护财政稳定和经济健康发展至关重要。政府债务管理涉及债务的筹资、使用和偿还等方面，其目标是最大程度地降低债务成本，控制债务风险，确保债务的可持续性。在债务管理过程中，政府应该制定长期债务策略，合理调整债务结构，避免出现过度依赖短期债务、外债等问题，确保债务的偿还能力和安全性。此外，政府还应该加强债务管理的透明度和公开度，及时向公众披露债务情况和债务管理政策，提高债务管理的透明度和可信度，增强市场对政府债务的信心，降低债务融资成本。在应对债务风险方面，政府应该建立健全的风险管理体系，及时发现和应对债务风险，防范债务违约和金融危机的发生，确保经济的稳定和可持续发展。总的来说，政府债务管理是维护财政稳定和经济健康发展的重要手段，政府应该高度重视，加强债务管理的研究和实践，提升债务管理水平和能力。

五、财政稳定性的重要性

财政稳定性是指政府财政收支平衡、债务水平可控、财政政策可持续的状态。维护财政稳定性对于经济的健康发展至关重要。财政稳定性可以提高政府的信用和声誉，吸引投资者对国家经济的信心，促进资本流入和经济增长。财政稳定性有利于维护经济的稳定和可持续发展。稳定的财政政策能够提供宏观经济稳定的基础，促进经济长期增长和结构调整。此外，财政稳定性还有助于缓解通货膨胀、贬值等经济问题，维护货币稳定和金融安全。政府应该采取有效措施加强财政管理，维护财政稳定性，为经济的稳健发展提供有力支持。这包括加强财政收支平衡管理，控制财政赤字和债务水平，提高财政管理效率，加强财政体制改革等方面的工作。只有确保财政稳定性，才能够实现经济的长期稳定和可持续发展。

第四节　反周期财政政策的实施

一、反周期财政政策的概念和原理

反周期财政政策是指在经济周期中采取的一种调控手段，旨在缓解经济周期的波动，稳定经济增长和就业。其核心原理是在经济处于衰退期时增加财政支出和减少税收，刺激经济活动，促进就业和消费；而在经济处于高增长期时减少财政支出和增加税收，抑制通货膨胀，防止经济过热。反周期财政政策的关键在于在经济低迷时通过增加政府支出来提高总需求，刺激经济增长；而在经济过热时通过减少政府支出来抑制总需求，防止通货膨胀。这种政策的核心思想是通过调整政府支出和税收水平来平衡经济的供求关系，实现经济的稳定和平衡发展。

二、实施反周期财政政策的必要性

实施反周期财政政策具有重要的必要性，主要体现在以下几个方面：经济周期波动会给经济社会发展带来不利影响，如衰退期间可能出现就业下降、产出减少等问题，而过热期间可能引发通货膨胀、资产泡沫等经济问题。实施反周期财政政策有助于减缓经济周期波动带来的负面影响，保持经济的稳定和持续增长。反周期财政政策可以增加对冲经济周期的能力，提高政府对经济的调控效果。在经济低迷时，增加财政支出可以刺激经济活动，促进就业和消费，提振市场信心；而在经济过热时，减少财政支出可以抑制通货膨胀，避免经济过热。此外，实施反周期财政政策还可以提高政府在危机时期的应对能力，增强经济的抗风险能力。实施反周期财政政策对于维护经济的稳定和持续发展具有重要的必要性。

三、反周期财政政策的主要工具和手段

反周期财政政策的主要工具和手段包括财政支出调控、税收政策调整、财政赤字政策和公共投资计划等。财政支出调控是通过增加或减少政府的支出来影响总需求，以刺激或抑制经济活动。在经济低迷时，政府可以增加基础设施建设、社会福利支出等项目的支出，以刺激经济活动和提振市场信心；而在经济过热时，政府可以减少不必要的支出，避免总需求过快增长导致的经济问题。税收政策调整则是通过调整税收

水平来影响企业和个人的消费和投资行为。在经济低迷时，政府可以降低税收，减轻企业和个人的负担，刺激消费和投资；而在经济过热时，政府可以适度提高税收，抑制过快的消费和投资增长。财政赤字政策在经济低迷时可以通过增加财政赤字来增加财政支出，刺激经济活动，而在经济过热时则可以通过减少财政赤字来抑制过度的总需求增长。公共投资计划是政府制订和实施的投资计划，重点支持基础设施建设、科技创新等领域的投资，以促进长期经济增长和结构优化调整。通过这些工具和手段，政府可以调节总需求，维护经济的稳定和持续发展。

四、反周期财政政策的实施过程与效果评估

实施反周期财政政策需要经历一定的过程，并且需要对其效果进行评估。在实施过程中，政府需要及时采取相应的政策措施，根据经济的实际情况调整财政支出和税收政策，确保政策的及时性和灵活性。政府需要关注政策的实施效果，通过监测和评估经济指标的变化来判断政策的有效性。可以关注经济增长率、通货膨胀率、失业率等指标的变化情况，评估政策对经济的影响程度。还需要考虑政策的长期效果，避免短期内的刺激措施对经济结构和可持续发展造成不利影响。政府需要根据评估结果及时调整政策，优化政策措施，确保政策的有效性和可持续性。通过不断评估和调整，政府可以更好地应对经济周期的波动，保持经济的稳定和持续增长。

五、反周期财政政策的挑战和应对策略

实施反周期财政政策也面临着一些挑战，需要政府采取相应的应对策略。政府需要应对信息不对称的挑战，及时获取和分析经济数据，准确判断经济周期的变化和影响，以便及时调整政策。政府需要应对政策执行的困难，确保政策能够有效传导到市场，并且得到各方的支持和配合。政府还需要应对财政预算的限制，平衡财政支出和税收收入之间的关系，确保政策的可行性和可持续性。政府还需要应对外部环境的不确定性和风险，加强国际合作，应对国际经济环境的变化，维护国家经济的稳定和安全。政府需要采取一系列的应对策略，以应对反周期财政政策实施过程中面临的各种挑战，确保政策的顺利实施和有效性。

第五章 税收优惠与经济激励

一、税收优惠政策的概念和原理

　　税收优惠政策是指政府为促进特定领域或行业的发展，减轻相关税负，提供一定的税收优惠或减免。其核心原理是通过税收政策的调整，降低相关领域或行业的税负水平，以激励企业增加投资、提升生产效率、创新技术、扩大就业等活动。税收优惠政策可以以各种形式出现，如减免企业所得税、减免增值税、减免关税等，也可以通过税收抵免、税收退还等方式实施。其本质是在税收领域为特定领域或行业提供一定的优惠待遇，以达到激励经济发展、促进产业升级和推动经济结构调整的目的。税收优惠政策在经济管理中具有重要作用，可以促进经济增长、提高竞争力、吸引投资、扩大就业等，但同时也需要谨慎设计和有效监管，以避免出现财政收入减少、资源错配、市场扭曲等问题。从前文的分析中可以了解到事业单位财政保障机制方面存在着较多问题。这些问题并不只有上文所论述的几种。存在的财政保障机制必然会影响事业单位改革的顺利实施。对此，就需要采取有效措施完善事业单位财政保障机制，由此促进事业单位健康的发展。要想完善事业单位财政保障机制，就需要事业单位实行政事分开、管办分开，采取不同的管理方式。所谓的政事分开就是将政府职能与公共事业运行功能分开，管办分开就是将监管与举办的职能分开。在事业单位内部实行这样的工作模式，有利于政府职能的转变。行政部门在日常事务开展的过程中，承担的职责为资格准入、规范标准、监管服务等，这样就可有效预防对社会组织运作产生干预。同时，事业单位组织根据职能实行管理，提供服务，有助于事业单位建立完善的法人治理结构模式。从而可体现出不同事业单位在管理方面的差异。即便我国事业单位数量非常多，但是事业单位的性质并不一致。公益性的事业单位在经费方面主要是人员经费、专项经费以及公用经费。在事业单位逐步发展的过程中，不仅要掌握单位内部结构组成情况、人数、设备以及房产等相关情况，还需要及时更新，通过建立动态化的经费管理办法，实现经费的动态管理。在人员经费预算中，需要根据财政部门预算的具体情况来确定人均数额，以此可建立相应的信息库。至于公用经费可通过分析工作性质、支出情况、财力需要以及收入等各项情况综合考虑。根据事业单位运行的具体情况，对各项经费实行动态化的管理，有利于控制总量。不同类型的事业单位，需要根据具体的工作类型与实际取得绩效作为导向，按照公共服务事项，可将公共服务的数量与质量进行量化。同时与绩效挂钩，结合奖惩补助经费，并给予相关部门资金配置的权力。奖惩相互结合，要求工作人员在各项工作开展的过程中，树立责任意识，并在各项服务展开期间，能够根据实际情况实行。这样不仅可发挥鼓励性的作用，还能够起到一定的约束作用。在事业单位实行改革的过程中，实行奖惩结合机制，有利于提高工作效率，同时提高资金的使用效率。

二、税收优惠政策的分类和特点

税收优惠政策可以根据其目的、对象、形式等不同特点进行分类。一般而言，可以分为产业优惠、地区优惠、企业规模优惠、技术创新优惠等。具体而言，产业优惠是针对特定产业或行业制定的税收优惠政策，旨在促进该产业的发展和壮大；地区优惠是针对特定地区实施的税收优惠政策，旨在促进经济欠发达地区的发展；企业规模优惠是针对不同规模企业制定的税收优惠政策，旨在促进中小微企业的发展和壮大；技术创新优惠是针对技术创新活动实施的税收优惠政策，旨在鼓励企业增加研发投入、提升技术水平。税收优惠政策的特点主要包括激励性、选择性、灵活性和政策性。激励性体现在政策的目的是激励相关领域或行业的发展，鼓励企业增加投资、创新和就业；选择性体现在政策的针对性，即针对特定的领域、行业或企业制定相应的优惠政策；灵活性体现在政策的可调节性和可变性，政府可以根据经济发展的需要和政策效果进行相应的调整和改进；政策性体现在政策的目的是实现国家宏观经济调控和产业政策的目标，具有明显的政策导向性和战略性。综上所述，税收优惠政策具有多种分类和特点，其目的在于促进经济发展、提高竞争力、促进结构调整和促进创新。事业单位作为市场经济主体的构成部分，其成立的主要目的就是提高社会效益。但是在当前市场经济竞争日益激烈的环境下，相关的主体单位要想在其中保持应有的市场地位，就需要抓住市场发展的根本，适应市场发展的需要。财政保障是事业单位各项事务顺利实施的前提条件。完善事业单位财政保障，有利于财务公开，有利于明确政府资金的去向，提高资金使用效率。但是就当前我国事业单位财政保障机制现状来看，其中仍旧存在着不少的问题。在事业单位实行改革的过程中，完善财政保障机制必然是重要的内容，就可发现事业单位财政保障机制存在着比较严重的问题。这些问题的存在不仅影响事业单位各项事务解决效率，还对事业单位改革产生一定影响。系统分析就可发现，事业单位的财政保障机制问题主要体现在以下几点：我国事业单位数量非常大，分布范围非常广泛，且存在着非常严重的重复设置现象，甚至有不必要设置的情况。现实生活中可发现，不少事业单位逐渐演变成为公务员安置点。在财政经济紧张的形势下，事业单位这种布局必然会直接造成不合理的财政布局现象，继而衍生出资源浪费的情况。在这样一种内外环境下，事业单位改革和发展必然会受到影响。就当前资源布局实际情况就可了解，主要集中在教育事业、卫生事业以及科研等几方面。这几个领域的事业单位设置数量非常多。同一性质的事业单位有重复设置的情况，规模并不是很大，但是种类繁杂。事业单位资源大量闲置，致使利用率低下。从我国各项基础设施建设的情况来看，事业单位承揽的项目数量非常多，任务繁重，财政负担非常重。但是在资金投入方面存在着明显不足的情况。造成此种现象的主要原因是经济发展速度非常快，社会结构不断进行调整，致使不少事业单位在建立的过程中面临着人才缺失的严重问题。与此同时，政府预算存在的问题也在一定程度上影响到事业单位的财政。众所周知，事业单位各项工作的开展，均有大量的资金予以保障。这种具备强大资金的后盾，不仅不能保障各项工作的顺利完成，还降低了资金的使用率。例如，在医疗卫生事业发展的过程中，政府补助不仅不利于医院服务质量的提高，还导致不少医务工作人员在开展工作的时候缺乏应有的工作积极性与主动性。随着行政事业收费的取缔和收支两条线的管理，事业单位中的不少经费来源渠道被中断，致使单位正常工作受到影响。导致在日常工作中重创收轻服务，不少事业单位经费自给，超出区域与范围的政策性收费。与此同时，不少经费的保障机制很难充分调动工作的积极性。如从禁止以药养医的情况出现后，不少医生工作积极性明显降低，签转上级医院的患者数量也越来越多。

三、税收优惠政策的实施目的和效果评估

税收优惠政策的实施目的是多方面的，包括促进经济增长、吸引投资、扩大就业、促进产业升级、提高竞争力等。税收优惠政策可以降低企业税负，激励企业增加投资和生产，促进经济增长。税收优惠政策可以吸引国内外投资，提高投资环境和竞争力，推动经济结构调整和产业升级。税收优惠政策可以鼓励企业增加创新活动，提升技术水平和竞争力，促进科技进步和经济发展。税收优惠政策还可以促进就业增长，改善就业环境，提高居民收入水平和生活质量。税收优惠政策的实施效果需要进行评估。评估可以从多个角度进行，包括政策目标的实现程度、经济增长的速度和质量、投资

增长的情况、就业水平的变化、产业结构的调整情况等。通过对政策实施效果的评估，可以及时发现问题和不足，及时调整政策措施，保证政策的有效性和可持续性。对税收优惠政策实施效果进行评估具有重要的意义，有助于政府更好地制定和调整相关政策，推动经济持续健康发展。为了更全面地推动社会的经济进步，一定要加大对中小企业的扶持力度，从财政政策以及税收政策等方面对我国中小企业作出一定的支持，这样才能够全面推动中小企业的发展，更好地解决就业问题，全面提高社会整体的经济发展和生活的和谐。只有根据现如今中小企业的发展问题，提出相应的融资政策和标准更好地解决中小企业的资金问题，通过一定的减税标准，提高企业的利润空间才能够全面地带动企业的整体发展。提高中小企业发展的财政政策分析伴随着我国经济的快速发展，中小企业交替出现，我国的财政政策一定要根据企业的建立、发展以及退出的整体发展规律来建立相对应的财政政策。在企业建立初期，资金的整体投入就是企业要面临的一个大问题，只有购买相应的设备、招收足够的技术和管理人才才能够更好地促进企业的发展，这种情况下，政府可以放宽财政政策，为企业提供一定数量的小额贷款，让企业可以拥有足够的资金。在企业增长的阶段，企业要想得到更快速的发展就必须通过外部融资的方式，但由于中小企业的整体规模较小，抵押品数量不足以及经营也不是很稳定，所以政府可以为中小企业提供一定的担保或者是通过多方面引入资金的方式进行一定的融资，这样就可以帮助中小企业更快速地发展。同时对于发展平稳的中小企业，政府可以鼓励企业进行一定的资本市场融资，更科学地建立企业的评定系统，让企业可以得到私募债方面的发展。同时政府也要加大各项制度的发展，更好地满足投资人员的需求，全面提高市场的经济水平和经济能力。在企业退出的时候，政府可以建立相应的破产保护基金，这样就能够更好地保障股东和当事人的权益，能够更好地帮助企业进行合理的退出，更好地保障相关人员的合法权益。提高中小企业发展的税收政策分析我国现阶段的中小企业在整体企业中占据着十分重要的地位，它能够全面推动社会的进步与发展，但中小企业的整体成本投入以及税收投入也在企业经济中占据很大的比重，企业都希望国家能够推出相应的税收政策来减少赋税。所以政府可以建立以产业优惠为主、各地区优惠为辅的政策来管理，并且结合各行业的不同建立相对应的企业税收政策。根据不同的行业进行不同的税收标准，对于发展型企业可以继续进行 20% 的税收标准，对于其他行业可以推行累进的税收标准。在减少税负的方面，政府一定要加快税收制度改革的步伐，对于中小企业进行一定的减税标准，另外也要提高纳税的整体服务标准，全面改善纳税环境，进一步降低纳税的成本，同时也要进一步加大税收的宣传力度，定期对政府财政人员进行一定的财政培训，这样可以进一步提高纳税服务。随着社会的可持续发展，我国对于中小企业的发展提出了更高的要求，为了能够更全面地提高中小企业的经济水平，全面发挥企业的核心竞争力，更好地带动社会经济的全面发展，政府一定要在财政和税收两方面对中小企业的发展作出相应的改善措施。只有进一步完善我国的财政政策和税收政策，才能够推动企业融资全面进行，并且实现企业后期的长久发展，这样才能够更好地推动社会的全面进步，才能够建立一个和谐稳定的生活环境。

四、税收优惠政策的实践案例分析

税收优惠政策在各国和地区都有着广泛的实践和应用。例如，中国的企业所得税优惠政策，针对高新技术企业、科技型中小企业、研发机构等给予较低的税率，以鼓励企业增加研发投入和技术创新。此外，中国的地区税收优惠政策，针对西部地区、东北老工业基地、中部地区等经济欠发达地区，给予较低的税率和税收减免，以促进地区经济发展和扶贫脱贫。美国的研发税收优惠政策，允许企业在研发活动中获得一定税收抵免和退还，以鼓励企业增加研发投入和技术创新。欧盟的增值税优惠政策，对特定的商品和服务给予较低的增值税率，以提高消费和促进经济增长。这些实践案例都表明，税收优惠政策在促进经济发展、吸引投资、提高竞争力等方面具有一定的效果和作用。同时也存在着税收优惠政策实施中的问题和挑战，如政策的滥用和失衡、税收收入的减少、资源错配和市场扭曲等。需要政府加强监管和评估，优化政策措施，确保税收优惠政策的有效性和可持续性。我国中小型企业在企业的总体资产、整体经营规模以及企业工作人员的数量和较大型企业有很大差距，中小企业整体的经营规模都较小，为了更好地对中小企业进行相应的政策管理，一定要根据相应的界定标准进行政策的实施。我国现阶段的中小企业分布十分广泛，而且中小企业的经营范围以及经营项目都十分广泛，它在推动社会整体经济的发展中起着十分重要的作用，更好地解决了大企业发展上的不足，全面促进了经济的全面发展。另外，伴随着中小企业的发展，更好地解决了就业问题，全面维护了社会的和谐和稳定发展。众所周知，我国的人口基数大，我国的就业问题一直是一项重要的民生问题，近年来随着我国城镇化进程的加快，我国的失业率也在上升，中小企业的发展更好地解决了这一问题。同样的中小企业的发展也面临着很大的困境，严重影响着中小企业的经济发展。一方面，自金融危机爆发至今我国的整体经济水平都受到了很大影响，中小企业的对外出口也受到了很大的冲击，为了更好地实现节能减排，现阶段很多高损耗、大污染的中小企业都受到了很大的约束，对当前的中小企业提出了更大的挑战。另一方面，由于中小企业的整体投入资金的不足，也就出现了企业机器设备相对落后、人员整体素质不高以及管理水平的不足等问题，严重影响了企业的产品质量以及企业的核心竞争力，所以一定要加强中小企业的整体管理力度，加大企业的资金支持，才能够推动企业的全面发展。随着我国经济的快速发展，很多中小企业都逐渐出现在了市场经济中，一方面，由于商业银行对于中小企业整体贷款的规模不足以满足企业的金融需求，所以当前很多中小企业的融资方式都是通过向金融机构的全面贷款来实现，这就造成了很大不便。由于很多中小企业所需要的整体贷款额度并不高，单独一笔贷款金额较小，加上银行的风险投入以及人工成本，导致每笔贷款的综合成本过高，这就提高了中小企业的融资难度。另外，由于每个企业的发展都必须投入大量的资金支持，但高成本的融资贷款，低收入的利润空间严重阻碍了中小企业的发展。但我国现如今的整体贷款制度并不完善，也缺少一套行之有效的融资制度标准，财政政策也不能够满足中小企业的发展需求，这就为整体中小企业的发展带来了很大的不便。另一方面，我国的政策法规中对于中小企业的税收太严重，很多企业都反映税收太严重，不能够得到相应的利润空间，企业经营太困难。虽然国家也推出了相应的减少税收的政策法规，但由于力度不够的原因，很难起到根本性的作用。虽然提出了相应的政策，但减少税收的力度很难跟上整体物价的上涨速度，而且像城市建设以及水利工程基金的税负减少力度太小，并不能够解决企业的税收问题，严重影响企业的全面发展。

五、税收优惠政策的挑战与应对策略

税收优惠政策在实施过程中面临着一些挑战，需要政府采取相应的应对策略。税收优惠政策可能导致财政收入减少，增加财政负担，影响财政稳定性和可持续性。政府可以通过加强财政监管和预算管理，优化税收结构，增加非税收入，确保财政收支平衡。税收优惠政策可能导致资源错配和市场扭曲，影响经济效率和公平性。政府可以通过优化税收政策设计，加强监管和评估，防止政策的滥用和失衡，保障市场公平竞争和资源有效配置。税收优惠政策可能存在着信息不对称和行政成本较高的问题，影响政策的实施效果。政府可以通过加强信息披露和公开透明度，简化政策流程和程序，降低企业申请和享受税收优惠的成本和门槛。税收优惠政策可能存在着对公共财政和国家长远利益的影响，需加强政策的战略性和可持续性。政府可以通过制定和实施长期稳定的税收政策，加强国际合作和经验交流，提升税收政策的整体效果和国际竞争力。针对税收优惠政策实施中的挑战，政府可以采取一系列的应对策略，以确保税收优惠政策的有效性和可持续性。当前，我国依然处于社会主义初级阶段，财政管理不完善之处还有很多，财政积极政策的运作需要财政管理要相应跟上，要从现在运用并着眼于中长期发展的角度出发，全力推进财政管理的改革。深入改革财政预算管理，完善预算运行机制。当前财政的预算管理存在一些漏洞，有些甚至影响着财政改革的进一步深入；实施反周期运作同时建立宏观调控预算制度；在公共财政框架的建设，建立综合运行机制积极财政政策；同步的财政改革，利用财政政策的综合效应；当期积极的财政政策适当运用，同时要适度采用紧缩性政策。财政政策，包括货币政策，是国家实行宏观调控的重要手段，主要作用就是消除经济发展中不健康、不确定因素，弥补市场的不足之处。财政政策的宏观调控关键是要审时度势，相机抉择。这样才能实现国民经济的快速增长。改革开放以来，我国的经济发展十分迅速，为了更好地适应社会的可持续发展战略目标，一定要加强中小型企业的全面发展，只有更好地促进中小企业的经济发展，才能够全面推动社会的进步，进一步提高人们的生活水平和生活质量。但受到国际经济的发展现状影响，中国现阶段的经济增长缓慢，这就造成了中小型企业的发展压力，严重影响了经济的全面发展。在我国经济发展缓慢的大前提下，我国中小型企业的经济发展更加缓慢，各企业的竞争十分严重，有多数的中小型企业发展举步维艰。为了更好地推动企业的经济发展，一定要对中小企业的财税政策做出一定的改善，这样才能够保证经济的稳定增长，全面推动企业的全面发展。

第二节　税收优惠对企业投资的影响

一、税收优惠政策对企业投资的激励作用

税收优惠政策在企业投资中起着重要的激励作用。税收优惠政策减轻了企业的税收负担，增加了企业的投资收益率。通过减免企业所得税、减免增值税等税收优惠措施，企业可以节省成本并提高投资回报率，从而更有动力进行投资活动。税收优惠政策可以提高企业的现金流，增强了企业的资金实力和投资能力。企业在享受税收优惠政策后，可释放出更多的现金流用于投资项目，加大了投资力度。税收优惠政策可以改善企业的盈利能力和竞争力，增强了企业的投资信心和积极性。企业在获得税收优惠后，盈利水平提升，企业整体实力增强，更愿意进行长期、规模较大的投资活动。税收优惠政策对企业投资的激励作用主要体现在降低税收负担、提高投资回报率、增强资金实力和改善竞争力等方面，促进了企业的投资活动和经济增长。根据财政政策调节经济周期的作用，财政政策可分为自动稳定的财政政策和相机抉择的财政政策。一些可以根据情况自动发生的经济波动不需要外包稳定政策是自动稳定政策，它可以直接经济状况的波动来产生调控作用。如税收和政府支出都是自动稳定政策。与自动稳定政策刚好相反，相机抉择的财政政策则需要通过外部经济力量。根据财政政策在国民经济方面的不同的功能，财政政策可以分为扩张性政策、紧缩性政策。扩张性财政政策，是指主要是通过增加财政赤字，如减税、增支，以增加社会总需求。相反，紧缩性财

政政策，是指主要通过增税、减支进而减少赤字或增加盈余的财政分配方式，减少社会总需求。经过以上分析，税收在财政政策中占有举足轻重的地位，无论是在扩张性财政政策还是在紧张性财政政策中都有着很大的调节作用，税收作为财政收入的一部分，不仅是国家财政收支的基本来源和保证，也是政府执行社会职能的主要手段，它更是国家参与国民收入分配最主要、最规范的形式，不仅为社会公共产品与服务提供财力支持，也是国家进行宏观调控的重要经济杠杆。税收在财政政策中的主要意义有以下几点：第一，税收可以调节社会总供给与总需求的平衡关系，从而稳定物价、促进经济平衡发展。第二，税收可以调节产业结构，优化资源配置，促进经济增长。第三，税收可以调节收入，实现公平分配。在宏观调控方面，税收是一种自动稳定政策，在税收体系，特别是企业所得税和个人所得税，反应相当敏感的经济活动水平的变化。举例来说，如果政府预算平衡，税率无变化，经济低迷，国民产出将减少，税收收入会自动下降。税收乘数的大小与财政政策的大小有很大的关系，税收乘数表明的是税收的变动（包括税率、税收收入的变动）对国民产出（GNP）的影响程度。其中 b 为边际消费倾向。税收乘数为负，税收和国家输出增加或减少为相反的方向；政府增税时，国民产出减少，减少量为税收增量的 b/（1 − b）倍。假定边际消费倾向 b 为 0.8，则税收乘数为 − 4。可见，如果政府采取了减税的政策，虽然可以减少收入，但将成倍提高社会有效需求，有利于民营经济的发展。

二、税收优惠政策对企业投资结构的影响

税收优惠政策在一定程度上影响着企业的投资结构。税收优惠政策可能导致企业倾向于选择获得税收优惠的领域或行业进行投资。对于享受税收优惠的产业或项目，企业更倾向于增加投资，以获得更多的税收优惠和经济利益。税收优惠政策可能导致企业投资结构的偏向性。由于不同产业或项目的税收优惠程度不同，企业可能更倾向于投资税收优惠较大的领域或项目，从而造成投资结构的不均衡。税收优惠政策可能影响企业投资结构的长期稳定性。一些企业可能过度依赖税收优惠政策进行投资，导致投资结构的不稳定性，增加了经济风险。税收优惠政策可能对产业结构产生影响，引导资源向政府重点扶持的领域或行业倾斜，从而改变了经济发展的方向和格局。税收优惠政策对企业投资结构的影响体现在领域选择、偏向性、长期稳定性和产业结构等方面，需要政府加强监管和引导，促进企业投资结构的合理、稳定和可持续发展。税收对经济的影响是广泛的。税收收入是财政收入的重要来源，只有取得财政收入，才能给经济发展提必要的公共商品，建立正常的生产关系，为社会经济发展创造良好的环境。税收对社会生产、分配、交换和消费直接产生影响。理想的税收政策应该是

既能满足国家的财政收入需要，又不对社会经济产生不良影响。制定正确的税收政策，必须考虑如下因素：税收政策的制定，既要保证财政收入，又要有利于促进经济发展。经济是基础，只有经济发展了，才可能有稳定充足的财源。制定税收政策的出发点应当有利于生产的发展，促进经济的繁荣。另外，税收政策要有利于建立社会主义市场经济体制。税收政策的制定，要有利于平等竞争环境的形成，就要坚持公平税负的原则；结合财政政策的实施，要有利于对经济宏观总量的调节，要有利于多种经济成分和多种经营方式的公平竞争和发展，还要有利于产业结构的优化。税收政策的制定，要在政企分开的基础上，有利于企业建立现代企业制度。做到产权清晰、权责明确、政企分开、管理科学，实现自主经营、自负盈亏、自我积累和自我发展，形成真正独立的经济实体，以便进入市场，在竞争中求生存和发展。自2008年席卷全球的金融危机以来，中国政府先后推出多项结构性减税政策。经过一年多的反危机政策操作，中国经济已经有了回升向好的趋势，然而整体经济形势仍然面临着极大的不确定性。在此背景下，2010年以及今后我国的税收政策安排，可能会更加复杂，也更令人关注。综合实际情况和文献中的记载我们可以看出，2010年中国的税收政策是不变当中的变，即在不变的趋向之下实现变的内容。变的是减税的力度、节奏和范围，需要做局部调整。减税的结构性安排和特点可概况为三个层面：第一个层次是不管将来形怎么变化，现有税制体系要继续实行下去，比如两法合并都是要继续的。第二个层次，凡是着眼于应对金融危机的减税政策，要随着形势变化而适时推出，比如二手房交易环节的低税收政策、出口退税的提高等的调整肯定要择机而征。第三个层次是伴随新形势、新变化，通过税收的工作而实施经济的扩张其力度会逐步减轻，这将是一个不变的事实。在后金融危机时代的众多的不确定性之中，企业应如何把握？在观察中国经济的走势时，我们不应该逐个税种一把抓，而要重点关注其中的大势。本着事半功倍的思维方式，从2010年的税收政策变化来看，政府主要把注意力锁定在占税收份额较大的五个税种上。第一大税是占44%的增值税，增值税在2009年已经完成了改革的步骤，企业也因此获得了实际的减税好处。今后几年增值税将面对的下一个改革任务是扩围，就是要对商品和服务的流转系统统一征收增值税，取消营业税，把增值税的征收范围扩大到所有的商品和服务范围。考虑到要转变生产方式，进行产业结构调整，这项改革其实是早就确定的一个目标，但是这项改革目前遇到了困难，同时又面临着紧迫性的考验。第二大税是企业所得税，企业所得税的减税效应，企业已经体会得很充分了。两法合并的改革减轻了企业所得税的税负，这由三部分构成：第一个是主体部分，第二是税法的实施细则，第三大税是相关配套措施。作为税费改革的依据，2010年在相关配套措施方面继续深入、完善。第三营业税占13%，营业税的改革前景在转变经济增长方式的前提之下得到了进一步确认，那就是统一归并到增值税。但是也遇到了几方面的问题，主要是财政收入体系的安全和现行分税制财政体制的改革问题。第四大税是个人所得税，占到全部收入的 7%，目前个人所得税是处在改革的十字路口，就是正在寻求一种综合的改革路径。现在我们是不算账就征税，但是考虑到不同受益群体的差异，考虑到子女教育费用、医疗费用的差异等，就要求在征收个人所得税的时候先算账后征税，而算账的过程就是加总求和一个人所有收入，然后实行综合征收的税制。但是，这样的综合税制要有很高税费，在目前的条件下实行综合制还会遇到种种困难，有目标却难有实质动作、难以起步。今后几年还要进一步考验个人所得税的综合治理能不能进一步创造条件，尽早迈开步子。第五大税是消费税，虽然占比 6%，但是在中国的税费体制当中地位非常特殊，主要表现在它不是一个独立的税种，而是附加税。其征收对象主要有两类：一是奢侈品，二是与节能减排以及与政府政策相关的一部分产品，比如燃油税。这个税种在实践当中作用非常显著，比如车购税带给整个汽车销售量的刺激力度非常大。2010 年这个税种还会得到更大范围的运用，其税负还有进一步上调的空间。

三、税收优惠政策对企业投资效率的影响

税收优惠政策对企业投资效率有着重要影响。税收优惠政策可能导致资源配置效率的下降。企业在享受税收优惠政策时，可能更加倾向于投资于获得税收优惠的领域或项目，而不是根据市场需求和资源配置的效率进行投资决策，从而造成资源的浪费和错配。税收优惠政策可能降低了企业对投资项目的风险意识和风险评估能力。由于税收优惠政策降低了投资成本和风险，企业可能不倾向于投资风险较高、回报不稳定的项目，增加了投资风险和不确定性。税收优惠政策可能降低了企业的投资效率和盈利能力。企业在享受税收优惠政策时，可能缺乏投资效益的压力和动力，导致投资决策不够谨慎和理性，影响了企业的盈利水平和竞争力。税收优惠政策对企业投资效率的影响主要体现在资源配置、风险管理和盈利能力等方面，需要政府加强监管和引导，促进企业投资决策的科学、合理和有效。税收政策是指国家为了实现一定历史时期任务，选择确立的税收分配活动的指导思想和原则，它是经济政策的重要组成部分。本篇文献综述针对我国财政政策的发展历史、发展现状、存在的问题及解决的方向，结合税收政策作为经济政策的一种手段所产生的作用对当前的发展趋势做出总体的概括。

中国税收政策的形成和发展与中国的社会经济建设紧密联系在一起。不同时期的税收政策有鲜明的时代特点。建国初期和国民经济恢复时期的税收政策，由于中共七届二中全会决定把党的工作中心从乡村转到城市，以生产建设为中心任务。因此税收工作重点也开始由农村向城市转移。此后，中央人民政府有针对性地制定了统一税政、

平衡财政收支的总的税收政策。具体体现在 1950 年 1 月中央人民政府政务院发布的《关于统一中国税政的决定》的通令文件。明确规定了新中国的税收政策、税收制度、管理体制、组织机构等一系列重大原则，建立了新中国第一个统一税收制度。对于中国财政经济的好转和国民经济的恢复和发展，创造了良好条件。1952 年年底，中国成功完成了恢复国民经济的任务。国营经济和合作经济在整个国民经济中的比重提高了，商品流转和经营方式也发生了变化，同时，认为"多种税、多次征"的复杂税制不利于国家的计划管理和国营企业经济核算，提出了"保证税收，简化税制"的原则，税收政策开始配合对资本主义工商业的社会主义改造。

综合各类文献，总结中国税收政策的现状，自 1994 年税制改革，确立了中国的税收基本政策是：统一税法、公平税负、简化税制、合理分权。新中国成立以来尤其是改革开放二十多年来，在汲取我国传统税收文化中优良因素的基础上，随着财税体制的规范、税收征管的完善、税法的普及以及纳税人和税务人员素质的提高，我国公开、公平、公正的税收法制环境逐步取得成效，良好的税收文化已在我国初步形成。在向市场经济体制转轨过程中，作为政治文化的一部分的税收文化也随着经济体制的变迁而处于变革之中。由于税收文化是由一系列的正式和非正式制度等要素构成的，当这些不同要素的发展速度不同时，就会出现税收文化的混乱和滞后现象。在我国税收文化传统中的不良税收文化因素尚未清除的情况下，这种现象就更加明显。

四、税收优惠政策对企业创新投资的促进作用

税收优惠政策在一定程度上可以促进企业的创新投资。税收优惠政策可能降低了企业进行研发和创新的成本。通过减免企业所得税、提供研发费用加计扣除等税收优惠措施，政府可以降低企业进行研发和创新的成本，增加了企业进行创新投资的积极性。税收优惠政策可能提高了企业创新投资的回报率。由于税收优惠政策降低了企业的税收负担，增加了企业创新投资的回报率，企业更愿意进行创新活动，提高了创新投资的规模和质量。税收优惠政策可能改善了企业的创新环境和氛围。通过提供税收优惠政策，政府可以吸引更多的企业参与创新活动，促进了创新资源的集聚和共享，提高了创新的成功率和效率。税收优惠政策对企业创新投资的促进作用体现在降低成本、提高回报率和改善创新环境等方面，有助于推动企业加大创新投资力度，促进经济的持续增长和发展。

五、税收优惠政策对企业国际投资行为的影响

税收优惠政策对企业国际投资行为有着重要的影响。税收优惠政策可能影响了企

业的国际投资战略和定位。企业在选择国际投资目标时，会考虑目的地国家的税收政策和税收环境。如果目的地国家实施了较为优惠的税收政策，企业则更有动力选择该国进行投资，从而影响了企业的国际投资战略和布局。税收优惠政策可能导致企业的资金流动性增加和资本跨境流动加速。由于税收优惠政策降低了企业在国外投资的成本和风险，企业更倾向于将资金投资于国际市场，加速了资本的跨境流动，对国际经济产生了影响。税收优惠政策可能加剧了国际税收竞争和税基侵蚀现象。一些国家为了吸引外资和促进经济发展，可能通过实施较为优惠的税收政策来降低企业的税收负担，从而导致了国际税收竞争的加剧和税基的侵蚀，影响了全球税收秩序和税收公平。税收优惠政策对企业国际投资行为的影响主要体现在国际投资战略、资本流动性和国际税收竞争等方面，需要政府加强国际合作和监管，维护全球税收秩序和税收公平。随着社会主义市场经济体制的不断完善和各项事业的全面推进，政府必须进一步完善社会管理和履行公共服务职能。这就要求税收随着经济发展而保持稳定增长，进一步适当提高税收收入占国内生产总值的比重，要适时开征社会保障税，尽快建立起以税收为主要来源的社会保障筹资机制，筹集更多的财政收入，使国家财政有能力增加公共支出，加大转移支付力度，更好地维护国家安全和社会稳定，促进科技、教育、文化、卫生等社会事业发展，保障民生使全体社会成员共享改革发展的成果。

税收是国家赖以生存的保障。国家如果没有税收作为保障，保障民生就犹如"无源之水"，一切都是纸上谈兵。税收作为财政收入的主要来源，为保障民生提供充足的财力保障。就现阶段而言，保障民生关键是关注税收的流向，要着力解决好广大人民群众最关心、最直接、最现实的就业、就学、就医和社会保障、环境保护、安全保障等问题，通过大力组织税收收入，为各级政府保障民生提供了坚实的财力基础。现以浙江省为例：2003—2006 年，浙江省投入促进城镇下岗失业人员再就业专项资金 24亿元；2006 年，浙江省投入"农民健康工程"专项资金 17.6 亿元。截至 2006 年年底，浙江城乡低保对象达到 62.9 万人，纳入社会保障范围的被征地农民达到 233.9 万人，参加新型农村合作医疗人数达到 2931 万人，享受医疗救助的城乡困难群众达到 96.7万人次，农村"五保"和城镇"三无"对象供养人数达到 5.8 万人。浙江之所以有保障民生、改善民生、促进和谐的有力举措，与近年来浙江税收高速增长提供强有力的财政支撑密切相关。

第三节　税收激励与区域经济发展

一、税收激励政策对区域经济发展的作用

税收激励政策对区域经济发展起着重要作用。通过对企业或个人在特定区域进行投资、生产或消费行为提供税收优惠，政府可以促进该区域的经济发展。税收激励政策可以吸引更多的资金和资源流入该区域，推动了当地经济的增长和发展。企业和个人在享受税收优惠政策的同时，会更倾向于选择在该区域进行投资和生产，从而刺激了经济活动的增加。税收激励政策可以提升该区域的竞争力和吸引力，促进了区域产业结构的优化和升级。通过降低企业税收负担、提高生产效率和技术水平，税收激励政策可以吸引更多的高新技术产业和知识密集型企业进驻该区域，推动了产业结构的升级和经济的转型。税收激励政策可以促进区域内企业的创新和发展。政府通过对研发投入、技术创新和人才引进等方面给予税收优惠，鼓励了企业加大创新力度，提高了技术含量和附加值，推动了区域经济的可持续发展。税收激励政策对区域经济发展的作用主要体现在资金流入、产业结构优化和创新发展等方面，有助于推动区域经济的持续增长和繁荣。　"民生"的核心价值理念是"亲民有真感情、爱民有真举措、惠民有真成效"，既是构建社会主义和谐社会的关键环节，也是共产党立党为公、执政为民的本质要求。税收优惠政策是党和政府亲民、爱民、惠民政策的具体体现。"税收"要全面推进"民生"改善，落实税收优惠政策，是税收部门一项重要任务。党的十七大重点提出了加快推进以改善民生为重点的社会建设的六大任务：发展教育、扩大就业、改革收入分配制度、加快建立覆盖城乡居民的社会保障体系、建立基本医疗卫生制度、完善社会管理。税收的本质特征决定其将在社会建设各个领域发挥积极作用：要增加教育、医疗投入，税收是坚实的财力保障；要倡导勤劳合法致富，维护困难弱势群体，促进社会充分就业，税收优惠是主要的扶助政策；要改革收入分配制度，实现社会公平与公正，税收的调节职能必不可少；要健全社保体系，开征社保税、完善税收体制是必然之路；要提高社会管理水平，税收能够促进社会资源得到更好的利用。为此，各级政府部门须从"六大任务"入手，主导、参与、制定税收如何为改善民生提供财力保障，树立科学发展观，形成改善民生的合力和氛围；改善创新体制机制，探索改善民生的载体途径；转变部门职能，改进工作作风，确保全面改善民生的各项任务落到实处。近年来，我国财政税收政策在日益向民生倾斜，更加注重"发展为了人民，发展依靠人民，发展的成果由人民共享"，呈现了"税收增速"与"民生改善"的因

果性，如免征农业税、下岗再就业减免税、福利企业定人减免政策，新的《企业所得税法》降低了企业所得税，提高个人所得税工薪所得费用扣除标准等，减轻了企业和个人的负担；对"三农"领域实行资金倾斜和补贴，加大公共卫生事业和社会保障支出……使越来越多的公共产品被创造和投放出来，财政税收的改善民生思路日益清晰，社会建设成效日益突出。实现了"基本公共服务均等化""低收入群众增收""公民权益依法保障"等民生成果，确保人民群众学有所教、劳有所得、病有所医、老有所养、住有所居，不断丰富城乡居民物质生活和精神文化生活，使全面建设小康社会和和谐社会的成果惠及全体人民群众。

二、区域税收竞争与经济发展

区域税收竞争是各地政府为了吸引资金、投资和人才而采取的一种竞争策略，其通过降低税率、提高免税额、延长税收减免期限等方式提供税收优惠，从而吸引企业和个人前来投资、创业或消费。在这种竞争形势下，地方政府为了争夺投资和人才而采取的税收优惠政策，使得企业和个人更加倾向于选择在税收优惠地区进行投资和生活，从而提高了该地区的经济活动水平和竞争力。区域税收竞争也带来了一系列问题，它加剧了地区间的资源配置不均衡。由于各地政府为了争夺资金和投资而采取的税收优惠政策吸引了大量的投资和人才，导致了一些地区资源的过度集中，而其他地区则可能因为缺乏竞争优势而面临资源外流和经济发展不足的问题，进一步加剧了地区间的经济差距。区域税收竞争增加了政府财政压力和风险。为了实施税收优惠政策吸引资金和投资，地方政府往往需要减少税收收入，导致财政收入减少和财政预算紧张，增加了政府财政运营的不确定性和风险。虽然区域税收竞争有助于促进地方经济活跃和竞争力提升，但也存在着资源配置不均衡和财政风险加剧的问题，需要在制定和执行税收政策时综合考虑各方面因素，确保税收政策的合理性和可持续性，促进经济的健康发展。纳税服务的根本目的是促进纳税人依法履行纳税义务，税务机关应最大限度地提供便利，满足纳税人的要求；要建立纳税配备的长效机制，完善服务手段和管理方式，完善工作程序，拓展服务内容和形式，使纳税服务更适应经济发展，更有效地服务纳税人。更新税收服务理念。牢固树立税收服务是税务部门法定义务和基本职责，把税收服务贯穿税收工作的全过程。正确处理好执法与服务的关系，坚持服务与执法并重，努力做到在服务中执法，在执法中服务，把纳税服务作为税收工作的前置程序，从最基本的服务抓起，提倡换位思考，在遵守税法的前提下，以纳税人的满意度为衡量纳税服务的标准。优化税收宣传方式。坚持"广泛、深入、持久"的宣传方针，有重点、多层次、全方位地开展宣传工作。加强与报刊、电视、电台等新闻媒体的综合互助，为税收工作的开展营造良好的舆论氛围，改善纳税环境。通过各种平台包括会议、政策培训、专项讲座等多种途径，有针对性地进行讲解和释疑；通过开展送税法进企业、进机关、进校园、进社区、进市场、进家庭、进军营等税法宣传活动，送政策到户；通过文艺会演、知识竞赛、有奖征文等形式，广泛开展税法宣传活动，在全社会营造良好的税收环境。优化税收执法与管理服务。牢固树立服务观念，形成"感恩纳税人、关爱纳税人、善待纳税人、服务纳税人"的良好风气。优化服务，进一步提高工作效率，规范管理制度、工作流程及规范服务方式，巩固和推行"五上门"和"五个一"税收管理服务内涵。"五上门"即上门调查税源，定期到企业了解税源，对税源进行动态管理；上门辅导纳税，对新办企业的负责人及财务人员进行税收政策、税务会计处理等专业知识辅导，从而使企业在较短时间内能够熟练掌握税收政策；上门宣传税法，将印制好的各种税收相关政策资料送给纳税人，帮助企业加深对相关税收政策的理解，促进企业研究税收"对策"，用好、用足税收优惠政策；上门征求意见，发放意见（建议）调查表，征求企业对税务人员执法、服务、廉政等方面的意见和建议，并及时将整改（处理）结果反馈给企业；上门落实政策（解决问题），当企业碰到办税难题时，税务人员主动上门向企业了解情况，急纳税人所急，在政策允许的情况下，积极为企业想办法、出主意、提建议，帮助企业解决难题。"五个一"工作法，即为纳税人提供涉税事项"一窗式"服务，避免纳税人多窗口往返；实行"一户式"管理，解决了纳税人"多头（多次）报送"信息的问题；实行"一次式"检查，坚持统一检查、各方参与、统查分办的原则，避免重复检查；坚持"一网式"办税，实现查询、申报、缴款网上全部完成；对纳税人的所有税收政策培训一律不收费；向纳税人发放的所有表证单书工本费一律不加价。初步建立起以纳税人为中心的新型征纳关系，体现税收的"民生导向"，体现税务部门服务民生、规范化办税措施和工作方式。

三、税收激励政策对区域产业结构的影响

税收激励政策在一定程度上影响着区域产业结构。通过针对性的税收优惠政策，地方政府可以引导企业在特定产业领域进行投资和发展，从而调整和优化区域的产业结构。税收激励政策可能加速了特定产业的发展。地方政府通过对某些产业提供税收优惠，例如减免企业所得税、增值税或地方税收等，鼓励企业增加在相关产业的投资和生产，从而促进了这些产业的发展壮大。税收激励政策可能推动了新兴产业的培育和壮大。在政府的税收优惠政策引导下，一些新兴产业如科技、创意产业等可能得到了更多的资金支持和发展机会，从而在区域经济中发挥了重要作用。税收激励政策可能对传统产业进行转型升级。通过对传统产业的税收优惠，地方政府可以促使传统产

业加大技术创新和转型升级的力度，提高其竞争力和附加值，从而实现产业结构的优化和升级。综上所述，税收激励政策对区域产业结构的影响主要表现在加速特定产业发展、推动新兴产业培育和壮大，以及促使传统产业转型升级等方面，有助于实现区域产业结构的优化和经济的可持续发展。税收的管理、执法、立法要紧扣"民生"主题，关注民生、贴近民生，并以此契机更好地服务纳税人、服务经济、服务社会。在税收管理理念和管理方法上要进一步贴近民生。税务机关与纳税人是一对平等的法律主体，双方关系是一种平等的法律关系。税收管理要改进方式和方法，大力推行科学化、规范化、精细化管理。进一步建立与纳税人的沟通机制，加强双方的平等沟通与交流，特别是在纳税人对纳税事项有争议的时候，要正确对待，并认真做好解释工作，妥善处理不同意见。税收执法工作要贴近民生。依法治税是税收工作的基础及灵魂。一方面，税务部门要坚持依法治税，不断增加税收收入，保证国家更多的资金惠及民生；另一方面，税务部门要维护纳税人的合法权益，保障纳税人应享受的权利及税收公平合理。要进一步推行"阳光执法"，将税收政策、执法程序、执法权限、税务处理、处罚标准等面向社会公开，将税收执法行为置于全社会监督之下，切实保护纳税人的合法权益，维护市场的公平竞争秩序。税收立法要进一步贴近民生。要按照科学发展观的要求，税收立法要向民生倾斜，使新的税制进一步保障民生、贴近民生，特别对涉及民生的税收，可以考虑不断提高起征点和降低税率，体现政府对民生的关注，也有利于纳税人纳税意识的提高。

四、区域税收优惠对企业投资和创新的影响

区域税收优惠政策对企业的投资和创新行为产生着重要影响。税收优惠可以降低企业的税收成本，提高了企业的盈利水平和投资回报率，从而激励了企业增加在特定区域的投资。企业在享受税收优惠的同时，更倾向于选择在税收优惠地区进行投资和生产，以获得更大的经济利益。税收优惠政策可以促进企业加大对研发和创新的投入。地方政府通过对研发费用和技术创新等方面给予税收优惠，鼓励了企业增加对创新活动的投入，提高了技术水平和产品质量，增强了企业的竞争力和市场份额。税收优惠政策可以促进企业间的竞争和合作。由于税收优惠政策使得企业在特定区域有了更多的投资和发展机会，从而加剧了企业间的竞争压力，促进了企业间的技术创新和资源整合，有利于产业集聚和创新生态的形成。区域税收优惠政策对企业的投资和创新行为产生着积极的影响，有助于提高企业的投资动力和创新活力，推动了区域经济的持续发展。税收与民生的关系最典型的表述就是"取之于民，用之于民"，在工作中则表现为税收的合理与公平，表现为公众对税收行为的参与权与知情权的落实。税收的

合理在一定意义上体现为总体税负适当、税率设置科学，也就是不能杀鸡取卵、寅吃卯粮；而税收公平是指纳税人之间税负公允，即消除经济特权，维护市场的公平竞争秩序，又消除社会分配不公、消除收入差距，体现社会的公平与正义。税收与"民生"息息相关。党的十七大为我国描绘了在新的时代条件下继续全面建设小康社会、加快推进社会主义现代化的宏伟蓝图。从某种意义上讲，党的十七大是一场"民生盛宴"。民生问题关系到我国经济社会发展深层次矛盾解决和我们党的执政能力。改善民生就是保障广大人民群众的生存权和发展权，就是实现好、维护好、发展好广大人民群众的根本利益，就是让广大人民群众共享改革与发展成果。税务部门作为国家重要的执法部门，执行"聚财为国、执法为民"的光荣使命，既担负着国家改善民生的各种税收政策的贯彻落实，又要保证市场公平竞争的税收秩序，保证社会的公平与正义。这就要求税务部门要在税收管理理论、管理方法上进一步贴近民生，要在优化纳税服务上多想办法；要不折不扣地落实税收各项优惠政策，切实地减轻纳税人的负担；要保证税收工作贴近民生、改善民生、服务民生、保障民生，推动经济发展社会和谐。

五、区域税收政策对人才流动和人口迁移的影响

税收优惠政策的实施可能会对地方政府的财政状况和经济可持续发展产生影响。税收优惠政策可能导致地方政府财政收入减少。由于税收优惠政策通常涉及减少或免征企业所得税、增值税等税收，地方政府可能面临着财政收入减少的压力，进而影响政府的财政运营和公共服务提供。税收优惠政策可能增加了地方政府的财政支出。为了吸引投资和促进经济发展，地方政府可能需要增加对基础设施建设、产业扶持等方面的支出，以弥补税收减少带来的财政收入缺口，从而增加了地方政府的财政负担。税收优惠政策可能影响到地方政府的债务水平和风险。为了弥补财政收入减少带来的财政赤字，地方政府可能需要增加借债来满足支出需求，从而增加了债务压力和财政风险，可能导致地方政府财政的不稳定性和可持续性问题。综上所述，税收优惠政策对地方政府财政和经济可持续发展产生着双重影响，既有促进地方经济活跃和产业发展的一面，也存在着财政收入减少、财政支出增加和债务风险加剧等问题，在实施税收优惠政策时需要综合考虑各方面因素，确保税收政策的合理性和可持续性，促进经济的健康发展。个人所得税 1799 年首创于英国，是指对个人所得额征收的一种税。随着经济的发展，该税种所占地位越来越显著。而在我国现阶段，对个人所得税的征管并不理想。对工资薪金外个人收入难以监控，对偷税处罚不力，对部门协调工作不够等因素，促成个人所得税征管不力的现状。我国的个人所得税制度中也存在着很大的问题。

一是个人所得税占税收总额比重过低。尽管，如今我国经济和经济发展水平都位于世界前列，但个人所得税占税收总额比重却低于发展中国家水平。2001年这一比例为6.6%，而美国这一比重超过40%。我国周边国家，如韩国、泰国、印度、印尼的比重均超过我国水平。据国家税务总局最近测算的一项数据表明：我国个人所得税每年的税金流失至少在一千亿元。而世界上发达国家的个人所得税占总收入水平的30%。在相当长一段时期内，我国的个人所得税收入要成为国家的主要收入还不太现实。但是，我国个人所得税所占的比重与世界平均水平相比实在是太低。可见，个人所得税的征管现状堪忧。二是个人所得税征管制度不健全。目前我国的税收征管制度不健全，征管手段落后，难以体现较高的征管水平。个人所得税是所有税种中纳税人数量最多的一个税种，征管工作量相当大，必须有一套严密的征管制度来保证。而我国目前实行的代扣代缴和自行申报两种征收方法，其申报、审核、扣缴制度等都不健全，征管手段落后，难以实现预期效果。自行申报制度不健全，代扣代缴制度又难以落到实处。税务机关执法水平也不高，在一定程度上也影响了税款征收。税务部门征管信息不畅、征管效率低下。由于税务部门和其他相关部门缺乏实质性的配合措施，信息不能实现共享，这些都造成了个人所得税征收的不妥。三是偷税现象比较严重。我国实行改革开放以后，人们的收入水平逐渐提高，这在一定程度上就造成了个人收入的多元化、隐蔽化，税务机关难以监控。公民纳税意识相对比较淡薄，富人逃税、明星偷税好像是习以为常、无所谓的事情。在报纸、新闻报道上经常会看见、听见一些明星有钱人偷逃税款的事情。比如以前闹得沸沸扬扬的刘晓庆，毛阿敏偷税漏税事件。我国个人所得税制度中既然存在着如此多的问题，那么也就应该有相应的措施来解决以上问题。

第四节　税收优惠的风险与挑战

一、财政收入减少的风险

税收优惠政策可能导致财政收入的减少，从而影响地方政府的财政健康和公共服务供给。当地方政府实施税收优惠措施时，减少了企业缴纳的税收金额，导致地方政府的财政收入相应减少。这可能会导致地方政府面临财政赤字或者财政压力增加的风险。如果财政赤字得不到合理的控制和调整，可能会影响到地方政府的基础设施建设、公共服务提供以及债务偿还能力，最终影响到地方经济的稳定和可持续发展。此外，财政收入减少也可能导致地方政府的财政依赖性增加，从而增加了地方政府的财政风险。财政收入减少是税收优惠政策所带来的一个重要风险，地方政府在实施税收优惠政策时需要认真评估和控制财政风险，确保财政收支平衡和可持续发展。仅从财政角度来说，调整财政政策显得至关重要。财政政策应从目前的偏紧（压缩国债发行规模、压缩赤字规模）状态向灵活状态调整，适当扩大政府的投资和消费。一方面，各级财政应进一步增加用于城镇低收入人群的贫困救济支出，进一步扩大救济覆盖面，继续提高他们的最低生活保障水平，不断提高政府职员工资水平，并继续向有利于消费的公共基础设施投资；另一方面，通过建立社会主义新农村建设专项基金，推动农民消费。专项基金从三方面筹措：其一，从每年财政增收部分中划出一定比例的资金；其二，每年发行一笔新农村建设专项国债；其三，从每年土地出让金中切出一块资金来。将这三块资金捆成一起，组成新农村建设专项基金，用于农村基础设施建设和公共服务，并支持农业、农村生产能力建设，降低农民生存和发展成本，增加他们的收入，以刺激消费。

　　既然扩大了财政支出，那么为了维持财政平衡就必须扩大财政来源，主要做法是国有及控股企业每年要从利润中拿出一部分上缴财政。近几年，在企业储蓄存款中，有很大比例是国有企业存款，这些存款绝大部分来自利润。目前，在现有体制条件下，许多国有企业的赢利，在很大程度上是依赖原有财政投资和行业垄断形成的，这些赢利全部归企业，明显形成了过多的企业储蓄，为进一步投资创造了源泉。因此，无论是从财政投资回报还是公平性原则看，国有及控股企业每年都应该向财政上交一部分利润，国家拿这部分利润用于公共基础设施建设和公共服务，以改善城乡居民的生产生活环境，降低他们的生存和发展成本，提高他们的相对购买能力。还要利用财政健全社会保障制度，降低城乡居民预期支出。当前，城镇居民消费倾向偏低，储蓄倾向偏高，与我国教育、医疗、养老、失业扶助、贫困救济以及住房制度改革都有密切关系，人们紧缩即期消费，为未来储蓄，是我国社会保障制度改革滞后造成的结果。必须加快社会保障制度改革步伐，消除现有各类社会保障制度规定的冲突与掣肘，进一步完善社会保障制度改革框架，该市场化的要继续坚持市场取向改革，不该市场化的一定要根据公共服务原则进行制度设计，对于影响居民消费的诸多社会保障制度政策，要及时清理，当前关键是要建立和完善公共教育、公共卫生医疗、就业扶助、贫困救济和养老保障等方面的政策，提高政府对这些方面的支持力度，扩大城乡居民的受益范围，消除他们的后顾之忧。除此之外着手解决经济发展中的长期问题也十分必要。当前，我国经济运行中出现的许多问题是由长期问题引起的，仅靠短期调控是不够的，还必须着手解决长期问题。众所周知，我国经济发展长期以来主要是依靠投资拉动和出口导向实现的，过去我们实行这种战略是正确的。但是根据日本和我国台湾地区的经验教训，当经济发展到一定阶段后，如不及时改变这种战略，必然会给经济运行带来许多难以处理的矛盾。不难看出，我国财政处在一个极其重要的位置，合理利用财政不仅是国家的事，而且是确实影响我们每个个人和企业的事。为切实保障经济的可持续发展，我们每个人都有义务配合国家财政政策的实施，同样，我们也应有权力监督国家相关部门切实履行其职责。利用财政服务于社会的各个方面，促进经济的快速发展是我国财政发展最终的目标。

二、失衡的地区发展风险

税收优惠政策可能导致地区之间的发展失衡，加剧了地区间的经济差距和不平衡发展。由于税收优惠政策通常是由地方政府单独制定和执行的，不同地区的税收优惠政策可能存在差异，导致了各地区间的投资和发展资源分配不均衡。一些地区可能因为税收优惠政策的吸引力较弱，而面临着资金和投资的外流，经济发展乏力；而另一些地区则可能因为税收优惠政策的吸引力较强，吸引了大量的投资和人才，导致了资源过度集中和经济过热。这种地区间的发展失衡不仅影响了地区经济的稳定和可持续发展，还可能加剧社会不公平和地区间的矛盾。失衡的地区发展风险是税收优惠政策所面临的一个重要挑战，地方政府需要在实施税收优惠政策时注重各地区的平衡发展，加强协调和合作，促进地区经济的协调发展和共同繁荣，避免社会过度储蓄引起的过度投资问题。当前我国储蓄的迅速增长主要是由居民和企业两大主体的行为产生的。居民将过多的收入用于储蓄，一方面是与我国社会保障福利制度不健全有关，另一方面是与金融机构储蓄主要来自高收入者而中低收入者所占比重不高相关。企业将过多的资金用于储蓄而不是投资于创新活动，一方面是与我国的产业政策相关，另一方面是这些储蓄大部分是大中型企业增加的存款，而中小企业依然缺乏资金。在社会储蓄持续大幅度增长的情况下，金融机构的压力不断增加。随着存差规模的不断扩大，金融机构要千方百计将这些剩余资金"消化"掉。大量信贷资金通过各种渠道又投向了建设领域，新一轮投资过热和重复建设由此产生。同时，储蓄过度增长引起过度投资，实际还对消费形成了挤出效应，因为在资金一定的情况下，投资过多占有份额，必然排挤和抑制了消费。工业的过快增长引起的产能过剩问题。当前，在国民经济运行中，一方面是越来越多的社会资金向金融机构流入，另一方面是社会消费增长速度又远远慢于工业品的生产增长速度。由此，我国经济发展中又遇到另一个矛盾，工业品产能的过剩。当工业品持续以快于国内消费增长速度增加时，便被迫形成大量出口，大量出口既造成国际贸易摩擦加剧，又形成巨额贸易顺差，由此导致外汇储备越来越多，而越来越多的外汇储备反过来又要求供给规模不断扩大。收入差距不断扩大引起的社会收入分配不公问题。当前，我国收入差距呈现全面扩大的趋势，既存在城乡居民、地区间收入差距扩大问题，也存在城镇内部和农村内部不同群体收入差距扩大问题。

如果考虑到城镇居民公共医疗、养老、教育补贴、住房公积金等社会福利项目后，城乡居民收入差距将更大；在地区之间，西部地区居民最低收入省份与东部地区居民最高收入省份差距也呈扩大的趋势，比如北京、上海、江苏等省市公务员收入是贵州的3至4倍。在城镇内部，城镇居民最低收入与最高收入比逐步扩大，而困难户收入与最高户收入之间更是存在一条无法逾越的鸿沟。行业差距更大，全国事业单位的职工收入与一般企业、大企业及能源、电信、金融企业之间也是不可比拟的。农村内部收入差距也是如此。目前，我国居民收入差距已达到相当悬殊的程度，有些人可以随意挥霍却仍有相当多财产，而另一些人，他们经常入不敷出，要靠借债维持生存。近几年来，我国消费不足的实质是结构性消费不足，主要表现为城镇低收入群体和农村居民消费不足。当前，我们面临的矛盾是：一方面，城镇的收入分配在向高收入群体集中，而高收入群体的边际消费倾向在不断下降，他们将越来越多收入存在金融机构；另一方面，城镇中低收入群体和农民边际消费倾向高，但他们却无钱消费。如何将经济社会发展成果公平地分配到不同收入群体，特别是中低收入群体和农民身上，让他们提高收入水平并增加消费，这是当前我国宏观政策的关键。

三、失衡的产业结构风险

税收优惠政策可能导致地区产业结构的失衡，使得某些产业得到过度扶持，而其他产业则相对滞后。当地方政府为了吸引投资和促进经济发展而实施税收优惠政策时，往往会对某些重点产业给予更多的税收优惠，如高新技术产业、外向型产业等，而其他传统产业或者服务业则可能因为缺乏税收优惠而受到冷落。这种失衡的产业结构可能会导致地区经济过度依赖某些特定产业，增加了地区经济的风险和不稳定性。同时，过度扶持某些产业也可能导致资源的浪费和低效利用，影响了地区经济的长期可持续发展。失衡的产业结构风险是税收优惠政策所面临的一个重要挑战，地方政府在实施税收优惠政策时需要注意产业结构的合理性和平衡发展，促进产业间的协调发展和产业链的完整性。北京奥运会所有的场馆总造价在205亿元人民币左右，其中国家体育场鸟巢造价31.5亿元人民币，北京为了举办2008年奥运会，将在治理环境污染、60项重大工程、新体育场馆建设、奥运会举办、基础设施上总共投资1045亿元人民币。北京奥运投资及相关建设能靠个人和企业吗？答案显而易见，没有哪个人或企业有能力承担这项巨大的工程，除此之外，还有西气东输、青藏铁路、南水北调、西电东送等也是如此。那么又是有谁该为这些巨额项目来买单呢，我想大家也都已经有了答案，这必须要国家依靠财政来投资。财政就是国家的收入和支出。财政之于国家至关重要，主要表现在三个方面：①是促进社会公平、改善人民生活的物质保障。②财政通过国民收入的再分配，缩小收入分配差距，促进教育公平，建立社会保障体系与基本医疗卫生制度，保障和提高人民的生活水平，推动建设社会主义和谐社会。③财政可以促进资源的合理配置的作用。如果完全由市场配置资源，会导致投入某些行业、地区的资源严重不足，影响社会经济生活的正常运行与发展。国家通过财政支持这些行业、地区的建设，有助于资源的合理配置。国家通过财政的调控促进经济的平稳运行。财政之于我们个人或企业也十分重要，财政取之于民，亦用之于民。财政收入主要有四种形式：税收收入、利润收入、债务收入、其他收入。尽管财政来自民好像损害了企业或个人的利益，但事实上并非如此。事实是如果没有财政的支持，很多基础设施无法构建，反倒是影响了个人生活水平的提高和企业的长久发展。那么是不是就应该扩大财政收入，越多越好呢？我想事情总有其两面性的，财政亦如此，过犹不及，其后果是直接减少企业和个人收入，不利于企业发展和人民生活水平提高，最终财政也会急剧减少。由此可见，财政收入与支出必须平衡才可维持经济的稳定持续发展。那么如何利用合理的财政政策并且使财政切实服务于国家社会的经济发展就显得尤为重要。就当前经济形势来看，影响我国政府做出宏观经济决策、实现我国经济又好又快发展有三大矛盾需要高度关注。

四、税收优惠政策滥用的风险

税收优惠政策的滥用可能导致税收收入的损失和经济资源的浪费，同时也可能损害公平竞争和市场秩序。一些地方政府或企业可能会利用税收优惠政策进行不当的利益输送或者腐败行为，以获取不当利益或者牟取政治上的私利。这种滥用行为不仅损害了税收政策的公正性和公平性，还可能导致税收收入的损失和资源的浪费，影响了地方政府的财政健康和经济的可持续发展。同时，税收优惠政策的滥用也可能导致市场的扭曲和竞争的不公平，阻碍了企业的正常发展和市场的健康运行。税收优惠政策滥用的风险是税收优惠政策所面临的一个重要挑战，地方政府需要加强对税收优惠政策的监督和管理，严格规范税收优惠政策的实施，防止税收政策的滥用和失误，确保税收政策的合理性和公平性，促进经济的稳定和可持续发展。随着市场经济规模的不断扩大，政府部门为满足不断扩张的社会公共服务需求，势必将加大税收力度。企业是以实现其收益最大化为经营目标，通过合法、有效的税收筹划能够规避纳税义务之外的税务成本，扩大其税后利润。目前企业税收成本主要体现在两个方面：税收实体成本，主要包括企业应缴纳的各项税金；税收处罚成本，主要是指因企业纳税行为不当造成的税收滞纳金和罚款。通过科学、合理的税收筹划能够降低或节约企业的税收实体成本，避免税收处罚成本。税收筹划对企业合理规避税务成本的作用主要体现在企业筹资、投资、经营过程中。企业在筹资过程中，通过分析其资本结构对企业预期收益和税负的影响，选择合适的融资渠道，实现企业税负的有效控制、所有者权益的最大化。如企业通过借款融入资金时存在"税盾效应"，即企业融资过程中产生的利息支出可作为费用列支，并允许企业在计算其所得额时予以扣减，然而企业的股利支付却不能作为费用列支。企业可通过借入资金实现降低税负的目的。企业可以通过计算、比较借入资金的利息支出与因借入资金实现的税负降低额的大小，选择适合自身的融资渠道。企业在投资过程中，通过选择符合国家产业政策的投资方向、享受税收优惠的投资地点、享受免税或税收抵减的投资方式，实现企业税负的减少。在投资方向选择方面，政府出于优化国家产业结构的目的，对符合国家产业政策和经济发展计划的投资项目，给予一定程度的税收减免或优惠。企业选择投资项目时，可充分利用该类优惠政策，享受更多的税收优惠；在投资地点的选择方面，国家出于调整生产力战略布局的目的，会对不同地区制定不同的税收政策，如对保税区、经济特区、贫困地区等制定的税收优惠政策，企业可通过选择注册地享受该类优惠政策；在投资方式选择方面，企业可选择享受税收优惠政策的投资方式。如企业可通过选择购买国债等享受免缴所得税。企业在经营过程中，通过对存货、固定资产折旧、费用分摊、坏账处理等进行会计处理，在不同会计年度实现不同的企业所得额，从而实现企业应缴税款的递延，提高了企业资金使用效率。如企业在进行存货计价时，在符合当前税法规定和会计制度的前提下，使发货成本最大化，从而使得企业账面利润减少；采用加速折旧法，加大当期折旧金额；采用最有利的坏账核算办法，降低企业所得额等。

五、国际竞争中的挑战

税收优惠政策的实施可能在国际竞争中引发挑战，特别是在吸引外国直接投资和跨国企业方面。许多国家都实施了各种形式的税收优惠政策，以吸引外资和促进经济发展。地方政府在制定税收优惠政策时需要考虑到国际竞争环境，避免过度依赖税收优惠政策来吸引外资，以免引发国际投资竞争中的不公平现象。另外，税收优惠政策的实施也可能引发国际贸易摩擦和纠纷，特别是在与其他国家的贸易往来中，可能导致其他国家对我国实施反倾销、反补贴等措施，加剧了国际贸易的紧张局势。国际竞争中的挑战是税收优惠政策所面临的一个重要问题，地方政府需要在制定税收优惠政策时考虑到国际环境的影响，避免引发国际竞争和贸易摩擦，确保税收政策的合理性和可持续性，促进经济的健康发展。税收筹划是指企业在遵守国家法律、法规与管理条例的前提下，以实现合理节税、降低企业税负为目的，在企业的筹资、投资和经营活动中进行合理的安排，对其经济活动进行统筹策划以实现企业价值的最大化，该类行为一般具有目的性、专业性、前瞻性。就本质而言，税收筹划是企业财务管理的一部分，是一种企业理财行为。如何在有效控制税务风险的前提下，更加合理、有效地进行税收筹划也是企业财务管理的重要内容。对于企业而言，税收筹划能够有效降低税务负担，改善企业经营效果，扩大企业税后利润。"税务管理"是基于税收筹划衍生出来的一个全新概念，是指企业在税法允许的范围内，根据自身的战略目标与经营情况，在有效控制涉税风险的前提下实现企业税务成本的最小化。税务管理的主要内容为税收筹划和风险控制，相对税收筹划，企业税务管理是一个更加系统的管理过程，更加注重纳税的整个环节以及全过程的风险控制，实现税收成本与风险的平衡。

第六章　环境税收与绿色经济

第一节　环境税收的原则与实施

一、环境税收的定义与概念

环境税收是指通过对环境污染和资源消耗行为征收税费来引导和调整生产、消费和投资行为，以实现环境保护、资源节约和可持续发展的一种税收政策工具。它是环境经济学理论的重要组成部分，旨在市场经济框架下通过价格信号调节经济主体的行为，减少对环境的不利影响，促进资源的有效利用和环境的可持续发展。环境税收的范围广泛，涉及对污染物排放、能源消耗、自然资源利用等多个方面的征税，是一种既能够提高税收收入，又能够实现环境和经济双重目标的税收政策工具。

二、环境税收的目的与原则

环境税收的目的在于通过调节经济主体的行为，促进资源的有效利用和环境的可持续发展。其主要原则包括内部化外部成本、污染者付费、促进资源节约、促进技术创新与绿色发展以及公平与可持续性。内部化外部成本是环境税收的核心原则，旨在让生产者和消费者在决策中充分考虑环境影响，通过征收环境税费使环境损害者为其行为付出代价。污染者付费原则要求环境污染者对其污染行为负责，并通过征收相应的污染税或排污费来促使其减少污染排放。环境税收还通过对资源消耗征收税费，激励企业和个人减少资源浪费，提高资源利用效率，推动经济向着绿色、低碳、循环发展的方向转型。环境税收可以激励企业加大对环保技术的研发和应用，推动产业升级和转型，促进绿色经济的发展。环境税收征收的过程应当公平公正，避免给弱势群体和中小企业带来过大的负担，同时要考虑到税收政策的长期可持续性，确保环境和经济的双重目标能够长期协调发展。

三、环境税收的分类与实施方式

环境税收根据征税对象和征税方式的不同，可以分为排污税、资源税、碳税等多种形式。排污税是对单位排放的污染物进行征税，根据排放量来确定税费的多少，旨在通过经济手段激励企业减少污染物排放。资源税则是针对资源的开采和利用征收的税费，可以包括矿产资源税、水资源税等，以引导企业合理利用资源，避免过度开采和浪费。碳税是对碳排放进行征税的税收形式，旨在通过提高碳排放的成本来促使企业和个人减少碳排放，应对气候变化。在环境税收实施方式上，可以采取直接征税和间接征税两种方式。直接征税是指直接对环境污染或资源消耗者征收税费，例如对排放污染物的企业征收排污税。间接征税则是通过对环境相关产品或服务征税，从而间接影响污染物排放和资源利用，例如对能源产品征收碳税。此外，环境税收的实施方式还可以包括税收减免、税收优惠和税收补贴等多种形式，以促进环保投资和技术创新，推动经济向绿色和可持续发展方向转型。

四、环境税收的经济影响与效果评估

环境税收的实施对经济发展和环境保护都会产生一系列影响，因此需要对其效果进行评估。环境税收的实施可能会导致企业成本的增加，特别是对于高排放、高污染的企业来说，他们需要支付更多的税费，从而增加生产成本。这可能会导致企业的利润下降，影响其竞争力和生存空间。环境税收的实施可能会促使企业采取节能减排措施，投入更多资源用于环保技术研发和应用，从而推动环保产业发展。此外，环境税收还可以促进资源的有效利用和循环利用，降低资源消耗和浪费，推动经济向着绿色和可持续的方向发展。环境税收的实施还可能会对消费者和居民生活产生一定影响，一些环境税费的增加可能会导致商品价格上涨，增加了消费者的生活成本。需要在实施环境税收政策时充分考虑其对各方的影响，采取相应的配套措施，保障经济和环境的双重目标能够协调发展。但是民生财政并不等于公共财政，二者之间具有明显的差异性。具体表现为：一是民生财政是我国的产物，其目的是解决我国现阶段出现的特殊问题，而公共财政则是一个国际现象，解决的是普遍性的公共服务问题；二是民生财政是体制转轨时期的产物，而公共财政则存在于市场经济形成和存在的全过程；三是民生财政的职能主要是缓解社会矛盾，而公共财政的职能则除了公平之外，还有效率和稳定；四是民生财政着眼的主要是社会不公，而公共财政关注的不仅有社会公平，还有经济效率和宏观经济稳定等基本问题。提出民生财政就必须依据民生需求的这种阶梯性，决定支出的轻重缓急，越是处于阶梯性底层的民生需求项目，公共支出越应当向之倾斜。

虽然民生财政与公共财政有着些许的差异性，但是我们不可否认的是，民生财政是公共财政不可忽视的重要一环，我们要在管理好民生财政的基础上维持整体的公共财政的稳定，从而每一位人民都可以享受到因为国家财政带来的美好生活！

五、环境税收的国际经验与案例分析

通过对国际上各国环境税收政策的实施情况进行案例分析，可以深入了解不同国家在环境税收领域的经验和做法。在这方面，一些国家已经积累了丰富经验，例如北欧国家和德国等在环境税收方面采取了较为积极的政策，通过征收碳税、排污税等手段，有效促进了环境保护和资源利用效率的提高。同时，一些新兴经济体也在积极探索环境税收政策的实施路径，例如中国在近年来陆续推出了碳排放交易市场等措施，试图通过市场机制调控碳排放行为，推动低碳发展。通过分析国际经验和案例，可以借鉴其他国家的成功经验，吸取其教训和经验，为我国环境税收政策的制定和实施提供有益的参考。同时，也可以促进国际的经验交流与合作，共同应对全球环境问题，推动全球环境治理的进步。那么什么是民生财政？这一问题迄今尚无权威官方的解释。但在大力建设民生财政的大背景下，这是一个绕不开的话题。在 2007 年的中央十七大政治报告中，民生内容包含教育、就业、收入分配、社会保障、基本医疗卫生、社会管理等，在 2008 年政府工作报告中，民生内容包括教育、医疗卫生、就业、社会保障、廉租住房、文化、环境保护和生态建设以及公共服务和公共安全等。学界对此也没展开讨论，唯一的定义是："所谓民生财政是指在整个财政支出中，用于教育、医疗卫生、社保和就业、环保、公共安全等民生方面的支出占到相当高的比例，甚至处于主导地位。"民生财政的两个基本点是：一是从财政支出中划出若干项目界定为民生支出项目，二是这些支出占总财政支出较大比重。在 1998 年的财政模式改革中，我们国家已经高度重视对于民生支出的增加，到 2002 年，"符合社会主义市场经济发展要求的公共财政体系已初步形成"。

公共财政与民生财政之间是不可割裂的。公共财政的内在逻辑、基本框架和全部特征，都决定了它就是民生财政。不可能在公共财政之外再单独存在另一个民生财政，也不宜把民生财政截然划分为公共财政的某一个特殊发展阶段或某一个孤立的组成部分。科学化、精细化的财政管理是改善民生的必然要求，在市场经济环境下和现代社会发展中，政府行为与居民生活改善的关系会越来越紧密，特别是政府的财政收支行为直接影响个体收入水平、公共福利、消费意愿、理财观念等，财政管理水平也必然直接影响公共财政职能作用的发挥效果。举个最简单的例子，国家从 2006 年 1 月 1 日起全面废止农业税。在此之前，随着市场经济的建立，农民逐渐成为收入最低的群体，每年的粮食价格基本不会太高，在扣除这一年的人工资本、农药、化肥费用和农业税后，它们真正拿在手上的可支配收入不过了了，农业税在中国存在也有了悠久历史，正因如此，使得国家收入分配不均，贫富差距不断扩大，农民生活在了社会的最底层。税收作为国家公共存在收入的主要来源，我们谁也没有办法去操控，但是为了更好地满足人民的生活需求，我们不仅废除了农业税，还提高了个人所得税的起收标准，这样受益的是整个社会成员。如果国家只知道增加更多的公共财政来为人民创造更高水平的生活条件，那样只会适得其反。2010 年 12 月 27 日，中共中央政治局常委、国务院副总理李克强出席全国财政工作座谈会并讲话。他强调，要认真贯彻党中央、国务院的决策部署，发挥好财政在宏观调控中的重要作用，把保障和改善民生作为公共财政的优先方向，保持经济长期平稳较快发展，不断提高人民生活水平和质量。只有重视了民生财政，人民的生活才会提高，只要民生财政提高了，公共财政收入必然随之提升。换句话说，公共财政就是民生财政，其内在逻辑、基本框架和全部特征，都决定了它就是民生财政，民生财政是实现公共财政更好、更大提高的重点。

第二节　税收在环境保护中的角色

一、税收作为环境管理的经济工具

税收作为一种经济政策工具，在环境保护中扮演着重要的角色。通过征收环境税收，政府可以直接影响企业和个人的行为，从而达到环境管理和保护的目的。环境税收可以通过增加环境污染成本或者资源消耗成本来引导市场主体改变其生产和消费行为。例如，征收排放税可以增加企业排放污染物的成本，激励企业采取减排措施，提高生产过程中的环保意识。类似地，征收资源税可以提高资源利用成本，促使企业更加节约资源、循环利用资源。通过税收这种经济手段，政府可以有效调节市场行为，引导经济活动朝着环境友好型和可持续发展的方向发展。多年之前，马克斯·韦伯曾经预言：国家将会是人类存在最基本的群体。我们每一个公民都依赖于这个群体而存在。而一个国家的构成，最重要的有两个要素，固定的居民和统一的政权。我们生活的方式，思考的角度，甚至是我们选择一切的"基准线"都受到国家政权的限制和影响。国家行使其职能的一个重要手段就是财政，依靠税收、预算、国债、购买性支出和财政转移支付等具体方式，每时每刻地改变着我们生活的这个空间。随着我国改革开放进程的不断深入，民生问题也越来越被广泛关注。中国共产党的根本宗旨便是全心全意为人民服务，只有人民的问题解决了，这个国家才能算是真正解放了，才有可能投入更多的精力到国家建设的其他方面，才能成为地球村的"骨干力量"。

财政就有着国家的公共财政和人民的民生财政之分，一个是统领，另一个是关键，只有在两者之间做到平衡，持续稳定，财政政策的出发点才不为过。可是，这不可能是一个简单的数学运算，重要的是从宏观和微观同时着想，那么这两者之间到底存在着什么关系？为什么看似毫无关联的两者却对国家的整体运作起着决定性作用，并且要持续平衡那么复杂呢？今天我们就来探讨一下公共财政与民生财政的关系。所谓公共财政，是指国家（政府）集中一部分社会资源，用于为市场提供公共物品和服务，满足社会公共需要的分配活动或经济行为。以满足社会的公共需要为口径界定财政职能范围，并以此构建政府的财政收支体系。这种为满足社会公共需要而构建的政府收支活动模式或财政运行机制模式，在理论上被称为"公共财政"。它具有三个基本特征：一是财政收入主要来源于税收，二是财政支出主要用于满足公共需要，三是公众有较高的财政参与度。不具备或不完全具备以上特征的为非公共财政。1979 年以来，中国财政至少发生了两件值得人们长久记忆，里程碑式的重大改革：一是 1994 年的分税制改革，二是 1998 年公共财政目标模式的提出。前一个侧重于财政收入方面的改革，后一个侧重于支出方面的改革。比较而言，后一项变革因素触及"财政模式"这一本质性的问题而具有更大的影响。1998 年以后的几年间，决策部门以强有力的决心和魄力，审时度势地推出了一系列强化改革财政的措施，启动了以部门预算、政府采购、国库集中支付为主体的多项支出改革，增加了财政用于满足公共需要方面的支出。不仅用于教科文卫方面的支出大大增加了，而且还包括养老保险、失业保险、医疗保险、城镇最低生活保障等在内的社会保障体系从无到有，从小到大地建立起来。可想而知，国家的公共财政与我们的生活息息相关，但是如果我们只是靠着国家对于整体的考虑来安排和计划我们的生活，好像还不够。因为我们最重要的是要根据每一个生活在不同领域的人民有针对性地制定能够让其满意的政策，正因如此，民生财政才显得更加的实际与突出。

二、环境税收政策的设计与实施

设计和实施环境税收政策需要考虑多个因素，包括税种选择、税率确定、税收范围、税收征收方式等。税种选择要根据具体的环境问题和经济特征进行，如排放税、资源税、碳税等。税率的确定需要考虑到对环境影响的程度和企业的承受能力，既要发挥税收的引导作用，又要避免对企业和经济造成过大的负担。税收的范围也是一个重要考虑因素，应该明确征税对象和征税范围，避免漏税和偷税行为。税收征收方式的选择涉及税收管理的效率和成本，可以采用直接征税或间接征税，也可以结合其他环境政策措施进行协同实施。设计和实施环境税收政策需要全面考虑各种因素，制定出既能达到环境保护目标，又能兼顾经济发展和社会公平的税收政策措施。深化财政学的相关理论。公共财政是在市场经济条件下，政府为满足社会公共需要而建立的财政收支活动的一种新机制和新体制。一方面，"公共财政"理论能够化解在国家财政改革中出现的有关矛盾，同时也能够指导国家财政改革向纵向发展；另一方面，这一理论更有利于我国与国际接轨。虽然我国实行的是社会主义"公共财政"，而西方国家实行的是资本主义"公共财政"，既然都是"公共财政"，那么就必然有许多相同之处，这无疑为各国财政支出之间进行比较提供了前提条件，也为我国吸取世界财政的先进经济的效益统计口径提供了基础。今后，要在公共财政改革的基础上，进一步提高财政管理的公共化程度。财政管理的公共化实际上就是提高公共选择的民主决策程度和公民的普遍参与水平。严格范围财政支出。在市场经济条件下，财政应以满足社会公共需要为标准参与社会资源的配置，政府公共支出范围必须以社会公共需要为标准来界定和规范。社会公共需要一般具有以下特征：一是只有政府出面组织和实施才能实现的事务；二是只有政府举办才能有效协调各方面利益的事务；三是企业和个人不愿意举办而又是社会存在和发展所必须办事务。凡属于社会公共需要的领域和事务，财政才能提供资金支持；凡不属于这个范围的领域和事务应逐步推向市场，由市场机制去调节。进一步完善预算管理体制。西方的财政实践表明，公共财政模式与预算体制密不可分，即政府预算制度为该模式的形成和存在提供了基础形式。推进预算改革。这既是优化支出结构的需要，又是实现依法理财的客观需要。健全完善财政支出监督制度。财政支出监督作为提高财政支出绩效的有效手段，是当前财政支出管理改革和公共财政框架构建过程中一个不可缺少的重要环节。作为财政监督的重要组成部分，财政支出监督是指财政部门以提高财政资金分配与使用效益为目的，在有效开展财政支出合规性监督的基础上，运用科学、规范的绩效监督方法，按照绩效的内在原则，对照部门预算要求，对财政支出行为过程及其结果进行客观、公正的制约和反馈。我们坚信通过政府的不断努力，进一步推进财政体制的改革，促进财政支出结构的优化，我国的社会主义市场经济将更加繁荣发展！

三、税收与环境保护的协同效应

税收与环境保护可以产生协同效应，促进经济可持续发展。环境税收政策的实施可以促使企业采取更多的环保措施，例如改善生产工艺、提升资源利用效率、投资研发环保技术等，从而减少污染物排放和资源浪费。这种环保行为不仅有利于减轻环境压力、降低生态风险，还有助于提升企业的竞争力和可持续发展能力。同时，税收收入的增加也为政府提供了更多的财政支持,可以用于加强环境管理和保护工作,推动生态文明建设。税收与环境保护之间的协同效应有利于实现经济增长与环境保护的双赢。健全以市场为基础的政府职能,削减不合理的行政管理费,提高政府行为效率,进一步完善政府职能。深化政府机构改革,大力压缩行政经费。最重要的就是取消公务员不合理的职务消费。目前,中国行政费中明显不合理的开支是"三公"——每年公车消费4000亿元左右、公款招待吃喝玩乐2000亿元左右、公费出国3000亿元左右。以上"三公"消耗共计9000亿元左右。我国政府应建立公款消费公示制度、规范公务接待。将公车消费削减财政支出,划拨成公共卫生经费。具体用于疾病预防与控制;初步建立基本医疗卫生制度、补贴医疗保险、建立医疗急救基金。将经济建设费中削减财政支出,追加于社会保障体系。具体包括追加财政预算教育经费、增加基本养老保险、失业保险、工伤保险、生育保险等;适当扩大城乡最低生活保障覆盖范围;追加社会救济福利费;追加救灾支出;建立农村养老保险制度。财政支出资金退出竞争性产业。国家财政不能以生产性支出为主,只能围绕人民生活、社会保障来安排支出。依法行政,提高政府行为效率,使政府真正成为"服务型政府"。据《人民日报》报道,在2011年,全国财政支出预计将达到97910亿(包括9000亿的赤字),支出接近10万亿,此数字比2010年预算支出多了13000多亿。我相信这些支出将会惠及中国版图上的每一个个体。

四、环境税收的经济与环境效益分析

对环境税收政策的经济和环境效益进行评估是十分重要的。从经济效益方面来看,环境税收政策可以通过内部化环境成本、提高资源利用效率、促进技术创新等途径,推动经济结构调整和转型升级,增强经济的可持续发展能力。此外,环境税收政策也能够产生环境效益,如减少污染物排放、改善生态环境、保护自然资源等。通过对环境税收政策的效益进行定量和定性分析,可以全面评估其对经济和环境的影响,为政府决策提供科学依据。同时,也可以及时调整和优化环境税收政策,最大限度地发挥其促进经济增长和环境保护的作用。公共物品是指用来满足社会公共需要、具有共同受益或联合消费特征的物品或劳务。这类物品或劳务所提供的效用不能分割为若干单位,为其定价也很困难,市场往往不能有效提供该类物品,需要政府干预。公共物品的提供方式是确定政府提供公共物品规模和财政支出规模的基本依据。由于纯公共物品具有效用的不可分割性、严格消费的非竞争性和受益的非排他性的特点,公民个人不能也无从选择消费其他质量的同类产品,通常认为这类产品是市场力量不愿介入的,只有政府利用其所掌握的公共资源来生产。所以,一般而言,纯公共物品只能由政府来提供而不能由市场来提供。这也是由市场运行机制和政府运行机制的不同所决定的。

市场是通过买卖提供产品和服务的。在市场上，谁有钱就可以购买商品或享用服务，钱多多买，钱少少买，无钱就不能买。总之，市场买卖要求利益边界的精确性。而公共物品的享用一般是不可以分割的，无法量化的。

公共物品的非竞争性和非排他性决定了竞争性的市场机制不适于提供纯公共物品。一方面，从公共物品提供的角度看，非竞争性意味着：如果公共物品按边际成本定价，那么公共物品由私人部门提供就得不到他所期望的最大利润，所以私人投资者不会自愿提供纯公共物品；另一方面，从公共物品消费角度看，非排他性意味着一个人使用公共物品，并不排除其他人同时使用，即使从技术上可以排他，但花费成本太大。消费者不会自愿消费这种物品，而是期望他人购买自己从中受益。

政府的性质和运行机制决定了他可以解决市场提供公共物品所存在的难题。一方面，政府具有社会职能，追求社会目标，是政府本来应承担的职责。政策性公共物品实际上就是政府对社会价值的一种权威性分配，如福利政策、就业政策、分配政策以及各种调控经济的政策等只能由政府通过公共权力的强制性来生产进而以之来满足全体社会成员的公共需要。另一方面，政府是一个公共权力机构，政府拥有向社会成员征税的权力，税收是保证纯公共物品提供给成本得到补偿的最好途径。

一般来说，纯公共物品只能由政府来提供。这句话并不能否定纯公共物品中的某些产品的部分生产环节不能有市场机制引入。如在环境保护中，排污权交易也是一个在很多国家都被广泛运用的市场机制。

五、税收在促进可持续发展中的作用

环境税收作为可持续发展的一项重要政策工具，在促进经济、社会和环境的协调发展中发挥着关键作用。通过征收环境税收，可以引导企业和个人采取更加环保和可持续的生产和消费行为，促进资源的有效利用和循环利用，推动经济由高污染、高耗能向低碳、绿色、循环型发展。环境税收政策还可以为环保产业的发展提供良好的市场环境和政策支持，激发技术创新和产业升级，推动绿色经济的发展。通过实施环境税收政策，可以有效平衡经济增长、资源利用和环境保护之间的关系，实现经济社会的可持续发展目标。财政支出结构是指各类财政支出占总支出的比重。财政支出结构优化是指在一定时期内，在财政支出总规模占国民生产总值比重合理的前提下，财政支出内部各构成要素符合社会共同需要的目的，且各构成要素占财政支出总量的比例协调合理的状态。

财政支出结构是反映一个国家经济工作重点的重要指标。分析我国改革开放以来的财政支出结构，可以看出在政府经济增长方式在不断转变的进程中，我国的财政支出存在以下几点问题。

1. 一般性服务支出比重过高。其中行政管理支出偏高，它包括用于国家行政机关、事业单位、公安机关、国家安全机关、司法机关、检察机关等的各种经费、业务费、干部培训费。在所有支出项目中，行政管理费是增长最快的一个项目。

2. 社会公共服务支出比重低，集中反映在民生问题没有得到显著的改善。

3. 财政资金分配方向和结构不合理。竞争性产业与基础产业和基础设施的经济建设费用分配明显不合理。

随着中国经济的不断发展，国家的财政收入也随之增多。财政收入增加了，说明国家有了更多的钱，可以用到教育、社会保障、农林水支出了，说明国家有了更多的钱，可以用在基础设施建设、民生等方面。

当前与"国富"形成反差的是，民却比较"穷"。这只能说明财政收入再多，但实际用在民生上的钱还很有限。考虑到国情，比如人口多、底子薄、摊子大，我们可以不要求像有的国家那样大比例地倾斜于民生。可是，如果我们要求减少乃至杜绝不当支出可不可以呢？当然可以。一方面是国家用钱的地方很多，另一方面是大量对财政收入的不当消耗。以挥霍为特征的"三公开支"，以浪费为特征的"决策失误开支"，以贪污为特征的"腐败开支"，这些不当支出究竟占去了多少财政预算？老百姓可以为国家的发展做出暂时牺牲，但却不该为庞大的不当支出付出代价。将尽可能多的财政收入用于民生，这是民望所在。这个"尽可能多"就包括减少和杜绝不当支出"省"下来的钱。真正实现"取之于民，用之于民"的财政宗旨。近年来，虽然注入民生的部分增多了，但总结构仍不合理。一般性服务支出当然应是我们现在要打造民生财政不可回避的改革对象。俗话说，不怕不识货，就怕货比货。

第三节　绿色税收政策的国际案例

一、瑞典的碳税政策

瑞典的碳税政策是一项旨在应对气候变化和减少温室气体排放的重要举措。该政策的成功实施得益于瑞典政府长期以来对环境问题的高度重视和积极推动。碳税的征收对象涵盖了各个行业和领域，包括能源生产、工业生产、交通运输等，以确保全社会的碳排放都受到一定的管控和调节。瑞典碳税的税率逐年递增，这种渐进式的税收设计旨在逐步提高能源成本，从而促使企业和个人更加积极地转向低碳和清洁能源。

与此同时，瑞典政府也采取了一系列措施，鼓励和支持企业进行技术创新和生产方式的改进，以降低碳排放并提高资源利用效率。例如，政府通过提供税收优惠、资金补助和技术支持等方式，鼓励企业采用更加环保的生产工艺和设备，推动了低碳技术的发展和应用。除了直接环境效益外，瑞典的碳税政策还带来了一系列间接经济和社会效益。通过促进清洁能源技术的发展和应用，瑞典创造了大量就业机会，并带动了相关产业发展。碳税政策还提高了能源利用效率，降低了能源成本，为企业和家庭减轻了负担，提升了整体经济竞争力。最重要的是，瑞典的碳税政策为未来的气候变化应对提供了有力的政策保障，为构建可持续发展的绿色经济奠定了坚实基础。

二、德国的能源转型与环境税收

德国作为世界工业化国家之一，面临着能源结构转型和环境保护的双重挑战。为应对气候变化和减少对化石能源的依赖，德国实施了广泛的能源转型政策，其中包括了环境税收的重要举措。德国的环境税收政策着重于减少温室气体排放、促进可再生能源利用和提高能源效率。一项主要的德国环境税收政策是能源税，其中包括对石油、天然气、煤炭等化石燃料的征税。能源税的征收旨在激励企业和个人转向清洁能源和低碳技术，从而降低温室气体排放和环境污染。此外，德国还实施了碳排放交易制度，对排放量较大的工业企业进行排放配额管理，通过购买和交易碳排放配额来控制排放水平。除了能源税外，德国还采取了一系列其他环境税收政策，如交通税、排污税等，以促进环保和资源节约。德国政府还通过提供税收优惠和补贴等方式，鼓励企业和个人投资于环保技术和节能设备，推动了绿色技术的创新和应用。德国的环境税收政策不仅在国内取得了一定成效，也为全球范围内的能源转型和环境保护提供了有益经验。德国的做法在一定程度上促进了清洁能源的发展和应用，减少了温室气体排放，为实现气候变化目标做出了积极贡献。

三、加拿大的排放交易市场实践

加拿大作为一个资源丰富的国家，也面临着对环境的保护和气候变化应对的挑战。为了应对这些挑战，加拿大采取了一系列环境税收政策，并在其中包括了排放交易市场的实践。排放交易市场是一种基于市场机制的环境政策工具，旨在通过建立碳排放配额市场，引导和激励企业减少温室气体排放。加拿大的排放交易市场主要集中在一些省份和地区，如安大略省、魁北克省和不列颠哥伦比亚省等。这些地区通过建立碳排放交易系统，对工业企业和其他排放源的碳排放进行了管理和监管。企业可以根据其实际排放量购买或出售碳排放配额，从而达到减排目标。此外，加拿大还参与了联邦层面的碳排放定价机制，通过对温室气体排放征收碳税来促进减排。加拿大的排放交易市场实践取得了一定成效，有助于推动企业转型升级，减少碳排放，提高资源利用效率。通过市场机制的引导和激励，企业更加注重节能减排，采用清洁生产技术，从而实现了经济增长与环境保护的双赢。排放交易市场也面临着一些挑战，如碳定价的波动、配额分配的公平性等，需要进一步完善和改进。

四、挪威的资源税制度与环境保护

挪威作为一个资源丰富的国家，其石油和天然气产业对经济发展起着重要作用。为了平衡资源开发和环境保护之间的关系，挪威采取了一系列环境税收政策，其中包括资源税制度的建立和实施。挪威的资源税制度主要针对石油和天然气等自然资源的开采和利用，旨在引导和激励企业进行可持续开发，并对环境污染和生态破坏进行补偿。资源税的征收基于资源的产出量和市场价格，企业需要向政府支付一定比例的资源税，以及其他可能的环境保护费用。通过资源税制度，挪威政府可以有效地管理和监督石油和天然气等资源的开发过程，促使企业合理利用资源，降低对环境的影响。同时，资源税的征收也为政府提供了重要的财政收入，用于支持环境保护和可持续发展的项目和计划。挪威的资源税制度是其环境税收政策中的重要组成部分，为资源开发和环境保护之间的平衡提供了有效机制。通过资源税的征收和管理，挪威在保障资源可持续利用的同时，也为环境保护和生态建设提供了重要的支持和保障。

五、新加坡的绿色税收创新措施

中国作为世界上最大的温室气体排放国之一，积极探索碳市场试点和碳排放权交易，以应对气候变化和推动经济转型。中国的碳市场试点项目主要集中在几个重要的城市和省份，如北京、上海、广东等，旨在通过建立碳排放交易市场，推动企业减排，促进低碳经济发展。中国的碳市场试点采用了基于排放配额的交易制度，即政府向企业分配一定数量的碳排放配额，企业可以在市场上购买或出售碳排放配额，以实现碳排放的交易和调节。通过市场机制的引导和激励，企业可以更加灵活地进行碳排放管理，选择采取节能减排措施，从而降低碳排放量。中国的碳市场试点项目在推动企业减排、促进低碳技术创新和发展等方面取得了一定成效。由于试点项目的规模相对较小，参与企业和覆盖范围有限，碳市场的影响和作用仍然有待进一步的加强和完善。未来，中国将继续扩大碳市场试点范围，加大对碳排放权交易的支持和监管力度，推动碳市场的健康发展，为应对气候变化和推动绿色发展做出更大贡献。

第四节 税收与可持续发展目标

一、税收政策对可持续发展目标的影响

税收政策在实现可持续发展目标方面起着关键作用，它可以通过激励、约束和引导等手段，影响企业和个人的行为，从而推动经济、社会和环境的可持续发展。税收政策的设计和执行应当与可持续发展目标相一致，以促进经济增长、社会公平和环境保护的有机结合。税收政策可以通过设立税收优惠和补贴等措施，鼓励企业和个人投资于可持续发展领域。例如，对采用清洁能源、节能减排技术的企业给予税收减免或补贴，可以促进低碳经济的发展，推动绿色技术创新和应用。同时，对环保产业和可再生能源等领域实施差别化税收政策，可以引导资源向环保和绿色产业倾斜，推动绿色经济的发展。税收政策可以通过调整税收结构和税率水平，促进资源的有效利用和节约，降低对环境的负面影响。通过对能源、资源消耗和环境污染等征收环境税、资源税等，可以内部化环境外部性成本，引导企业和个人减少资源消耗，提高生产和消费的资源利用效率，促进循环经济和绿色生产方式的发展。税收政策还可以通过税收收入的再分配，促进社会公平和贫困减少，为可持续发展创造良好的社会环境。通过税收调节收入分配，实现财富再分配，可以减少社会经济不平等现象，增强社会凝聚力，为实现可持续发展目标提供重要支持。税收政策在推动可持续发展方面发挥着不可替代的作用，需要政府、企业和社会各界共同努力，制定和执行符合可持续发展理念的税收政策，促进经济、社会和环境的协调发展。国家统计局 2007 年 10 月曾对当前重庆市收入分配现状做过调查。据测算，2005 年重庆市 1% 抽样调查样本的劳动力个人收入基尼系数为 0.438，已经超过国际上公认的基尼系数 0.4 的"警戒值"，反映出当前重庆市一个较高的收入不平等状况存在。由于国家统计局未公布全国范围内的基尼系数，城乡居民户的收入状况又是按组计算后分别公布，因此本研究无法将重庆市的收入分配状况与同一数据来源的全国水平进行比较。但根据世界银行公布的 2005 年中国基尼系数接近 0.47 的报告，以及赵人伟等（1999）根据中国社会科学院经济研究所收入分配课题组 1995 年进行的居民收入抽样调查计算的全国居民个人可支配收入基尼系数 0.452 的结论，基本可以断定中国分配不均，同时反映出目前我国个人所得税对个人收入分配进行调节的力度有限，作用很不明显。

个税起征点的上调，有人会担心财政税收因此受到影响。另外，税收收入的症结在于税收流失现象严重，而非征收低收入者的税收。目前，我国个人所得税流失的主

要原因和渠道包括：（一）居民个人收入隐性化非常严重；（二）个人所得税代扣代缴单位没有依法履行代扣代缴的职责；（三）纳税人或代扣代缴人采用化整为零，虚拟冒领的手段逃避个人所得税；（四）利用各种减免优惠规定，搭靠或钻政策的签字，骗取优惠减速免。京致通振业税收筹划事务所税务专家李纪有指出："如果个人所得税的征管按照《办法》规定的力度进行，预计我国个人所得税的收入可能增加3~5倍。"李纪有则认为，未来提高征税点后，国家将损失一部分财政收入，但通过对个人征管力度的加大，能够把该收的税款收回来。由于偷税、漏税严重，税收流失大量而普遍地存在，使得个人所得税"自动稳定器"的作用徒有虚名。对个人收入分配差距调节也很难到位。不仅没有达到政策制定者所设想的调节收入分配的初衷，反而有可能加剧个人收入分配的不公，引起社会不满。根据我国征收个人所得税的初衷，应该是对高收入进行调节。收入分配的重点应该是对高收入阶层征收个人所得税，然而实际上高收入阶层由于收入来源多样、隐蔽性强。加之个人所得税征管不力，高收入阶层税收流失严重，而实际负担并没有主要落在高收入阶层身上。而主要由中等偏上收入的高工薪收入者负担。有的专家不禁发问：我国个人所得税究竟调节谁？前不久在一期采访富二代的《鲁豫有约》节目中，最高职位总裁、最低职位副总经理的四位富二代的工资账面居然最高的只有2500元。富豪们能将个人的支出计入企业成本，而不给自己开工资，由于没有工资作为税基，税也无从征起。同时，又降低了企业利润的账面余额。而工薪阶层是无论如何也难跑得掉的。于是，富人很轻松地成为"漏网之鱼"。

二、税收优惠与可持续能源发展

税收优惠是指政府为了促进特定领域的发展或解决社会问题而提供的税收减免或减免措施。在可持续发展的框架下，税收优惠可以成为推动可持续能源发展的有效手段之一。通过税收优惠，政府可以激励企业和个人增加对可持续能源的投资和使用，从而推动能源结构的转型，减少对传统高碳能源的依赖，实现经济的绿色发展。一方面，政府可以针对可再生能源领域实施税收优惠政策，如风能、太阳能、水能等清洁能源项目。这包括对可再生能源项目的税收减免、税收抵免和税收补贴等优惠措施，降低企业投资和运营成本，提高可再生能源的竞争力，促进其在能源消费结构中的比重增加。另一方面，政府还可以通过调整能源相关税收政策，对传统高碳能源实施逐步收紧的税收政策，如提高煤炭、石油和天然气等化石能源的资源税率，增加碳排放税等。这样的税收政策调整可以降低传统能源的经济吸引力，引导企业和个人转向清洁、低碳的能源选择，推动绿色能源的发展和应用。税收优惠是推动可持续能源发展的重要手段之一，需要政府根据本国能源结构和发展阶段，设计和实施有针对性的税收优惠政策，鼓励和引导企业和个人加大对可持续能源的投资和使用，促进能源转型，推动绿色经济的发展。个人所得税是以个人（自然人）取得的各项应税所得为征税对象所征收的一种税收，个人所得税自 1799 年在英国创生，至今已有 200 多年的历史，如今在世界各国被广泛推广采用，并成为发达国家最主要的税收来源。我国于 1980 年颁布了《中国人民共和国个人所得税税法》，首次开征个人所得税，其后经历了两次修订 1994 年分税制改革，颁布施行了现行个人所得税法，税收是财政收入的一个主要部分，间接执行了财政的三个职能：资源配置职能、调节收入分配职能、经济稳定和增长职能，现就开篇关于个税起征点上调做几点引申分析。税收是一个国家行使职能的根本保证，同时对个人的现期消费水平有着直接的影响。虽然我国的个人所得税开征较晚，但从古便有《捕蛇者说》等向我们宣告税收的渊源，一个朝代的灭亡往往与其重压于百姓身上的沉重的徭役、赋税（即税收）有关。可见，税收的征收要有一个度。轻则国家的权力、职能得不到保障，重则影响经济的运行。甚至官逼民反，从西方经济学角度讲，称之为"拉弗尔曲线"即"税率禁区"理论。小于该禁区则是无效率的，超过该禁区会导致经济衰退。

那么，中国现行个人所得税状况又是怎样的呢？有关学者认为税率、个人所得税起征点应考虑到贫困线，即个人所得税是居民收入冲动减去劳动力价值（劳动力自身生活所需的价值）后所得的剩余价值的一个比例部分。中国目前所公认的贫困线仍是几十年前确认的每年 645 元或 675 元，明显低于其他国家的贫困线。而今年，物价以惊人的速度上涨，即 CPI 指数上升。在此，CPI 做如下阐述，CPI 即消费物价指数，如果消费者物价指数升幅过大。表明通胀已经为经济不稳定的因素，央行会有紧缩的倾向政策和财政政策的风险。从而造成经济前景不明朗。该指数过高的升幅往往不被市场欢迎。例如，在过去 12 个月，消费者物价指数上升 2.3%，那表示生活成本比 12 个月前平均上升 2.3%。当生活成本提高，你的金钱价值便随之下降，也就是说，一年前收到的一张 100 元纸币，今日只可以买到价值 97.7 元的货品及服务。当 CPI>3% 的增幅时，称为通货膨胀 CPI>5% 的增幅时，就是严重的通货膨胀。而在网上又有另一则消息发布："财政部部长谢旭人 19 日表示，在 12 月初的中央经济工作会议上已经确定：2008 年，货币政策将从'适度从紧'转变为'从紧'，财政政策继续'稳健'。"由此反映，我国政府已经在采取措施防止物价上涨可能引起的通货膨胀。而这也是政府将个人起征点上调的一个原因。有人预测起征点还会上调，甚至有人建议调至 3000~5000 元。无疑，此次个人所得税调整受到了工薪阶层的欢迎，财政部部长谢旭人公布，把个人所得税工薪所得减除费用标准提高至每月 2000 元，将减少财政收入约 300 亿元；同时，工薪阶层纳税人数占全国职工总人数比例将由 50% 左右降为 30% 左右。而这从整体上说是非常有意义的，根据斯卢茨基方程，在其他条件相同的前提下，收入所得税对穷人的挫伤效应要高于对富人的挫伤效应。而这是有违公平与税收的调节作用的。因而改变中等收入工薪阶层的主要纳税人地位是有进步意义的。日本经济学家大前研一提出了"M形社会"概念——在全球化的趋势下，富者的财富快速攀升，而中产阶级因失去竞争力，却沦落到中下阶层，整个社会的财富分配，在中间这块，忽然有了很大的缺口，即"M"的字形一样。整个世界分成三块，左边的穷人变多，右边的富人也变多，但是间这块，就忽然陷下去，然后不见了。这种"M"形社会显然与马克思主义所设想的共产主义社会是南辕北辙的，然而这却又是全球化经济状况下我们不得不面临的一个现实压力。

三、绿色税收政策与环境保护

绿色税收政策是指通过税收手段来引导和促进环境友好型行为，以及减少对环境的负面影响的政策措施。这些政策旨在内部化环境成本，促使企业和个人在经济决策中更多地考虑环境因素，从而实现环境保护与经济发展的良性循环。绿色税收政策可以通过对污染物排放征收环境税的方式，鼓励企业采取节能减排措施，减少对环境的污染。例如，对工业企业的排放量超过规定标准的污染物征收排污税，可以促使企业采取清洁生产技术，减少污染物的排放，降低对环境的影响。绿色税收政策还可以通过对资源消耗征收资源税的方式，引导企业和个人节约资源、高效利用资源，减少资源的浪费和损耗。例如，对石油、煤炭等非可再生资源的征税，可以提高资源成本，促使企业加强节能减排措施，推动经济结构向绿色低碳方向转变。绿色税收政策还可以通过对可再生能源和节能环保产品实施税收优惠的方式，鼓励和支持清洁能源和环保产品的发展和应用。例如，对购买太阳能、风能等可再生能源设备和节能灯具等环保产品的个人和企业给予税收减免或抵扣，可以提高这些产品的市场竞争力，推动绿色消费和生产的发展。绿色税收政策是实现环境保护与经济可持续发展的重要手段之一，需要政府根据本国环境和经济发展的实际情况，设计和实施有效的税收政策措施，促进资源的有效利用、环境的保护和经济的健康发展。在外贸主体多元化的今天，只要国际市场有需求，且出口有利可图，企业就具有扩大出口的动力，因此出口结构的优化调整不是政府单方面可以在短期内实现的，需要坚持以企业和市场为出口结构调整的主体，政府可借助市场倒逼机制，给企业和市场适当加以引导，使政策引力和市场压力形成合力。在出口结构调整的过程中，出现群体性经营困难与大面积失业的情况下，很有可能危及社会稳定和长期的经济发展，政府有责任予以干预与救助。我国的房地产物业税尚未开征，很多资源以市场化的形式运营管理，没有被市场化的资源行业的社会分红比重不高,垄断性的公共服务所固有的潜在财政性收入在大量流失等。

这些问题的存在，一定程度地削弱了国家财政的实力，也使得社会不和谐因素逐渐累加。总之，我们应坚持公共资源公益化，大力挖掘潜在财源，为解决民生问题提供物质基础，实现公共服务均等化与公益化。美国之所以能在全世界建立霸权，主要依赖四大支柱：军事与科技实力；美元本位制；对全球资源的控制；农业和粮食战略。近现代以来，围绕着石油、粮食等重要战略物资的生产与储备，国家之间上演着错综复杂的国际博弈。我国应不断增强重要战略物资的生产能力，掌控相关商品定价权，以防受制于人；应深入研究国际博弈背后的客观规律，为我所用，并随着大宗商品价格的起伏开展不同类型的交易，稳定与增加粮食等重要物资的战略储备，严控进口型通货膨胀的输入，为改善政府宏观调控奠定良好的基础。历史一再告诉我们，财与势不能号令一切。发挥财与势的最大效应，关键在于建立一种公平、均富的体制，由此酿成的民众心态必然是和谐、平稳的，在富贵面前不骄纵奢侈而能自享其乐，在贫苦面前不怨天尤人而能泰然处之。这种同心同德所具有的威力是难以用经济数据来衡量的，尤其是在危机到来之时，能够保持经济和社会基本面的稳定，而不致被冲垮。事实上，这种美德是我们中华民族的优良传统，可以与市场经济并行不悖，既实现经济兴盛，又实现文化繁荣，既会生产，又懂生活，能充分发挥各级政府、各经济主体的积极性与主动性。

四、税收改革与贫困减少

税收激励政策在可持续城市发展中起着重要作用，可以通过税收优惠、补贴和税收减免等手段，鼓励城市建设和运营中的环保和可持续性举措，促进城市资源利用效率的提高、环境质量的改善以及社会经济的发展。税收激励政策可以针对城市绿色建筑和低碳交通等领域实施。例如，对采用节能材料、设备和技术建造的绿色建筑项目给予税收减免或抵扣，可以降低建设成本，促进绿色建筑的发展。同时，对购买电动车辆、建设城市轨道交通等低碳交通项目实施税收优惠政策，可以鼓励城市居民选择低碳出行方式，减少交通排放，改善城市空气质量。税收激励政策还可以针对城市的资源回收和再利用等环保行为实施。例如，对开展城市垃圾分类、建设废弃物处理设施、推广再生资源利用等环保项目给予税收优惠，可以激励城市居民和企业参与环保活动，减少垃圾排放，提高资源利用效率。税收激励政策还可以通过鼓励城市绿色产业和创新企业发展，推动城市可持续发展。政府可以通过对绿色科技企业的税收减免、科研项目的税收优惠等方式，吸引和扶持绿色科技创新，推动城市产业升级和经济转型。税收激励政策在可持续城市发展中具有重要作用，需要政府根据城市的实际情况和发展需求，设计和实施有针对性的税收激励政策，促进城市资源的有效利用、环境的保护和经济的可持续发展。随后，美国各地区起初较为单一的经济发展模式逐渐转换为多元化的发展模式。我国具备后发优势，基础设施建设仍有巨大的空间，在经济发动机面临减速的情况下，适时适度有针对性地扩大政府投资，完善关键基础设施建设，是一项很明智的选择。拉动经济增长，仅靠政府投资是远远不够的，关键是撬动社会资本、带动银行贷款、激发市场活力。在当前困难时期，社会资本缺乏信心，银行贷款畏惧风险,市场活力缩藏起来。通过财政贴息等手段虽然也能发挥四两拨千斤的作用，但不是治本之策，根本所在是项目本身的可行性以及投资环境的易生长性。私人投资者在市场中选择项目面临的风险很多，一部分是个人的，还有一部分是准公共或公共的，如何避免那些不完全是个人的投资风险，政府有不可推卸的责任。这就要求我们，通过完善相关政策法规，放宽社会资本投资限制，规范相关税费管理，简化行政管控，改善与强化政府服务，优化投资环境，从根本上吸引与撬动社会资本投资，激发起更大的市场活力。培育与壮大民族工业和关键技术行业通过结构性的财税政策，引导国内重要行业企业加快设备更新、技术升级与产业链延长，培育与壮大民族工业。通过增加科研投入，实现重大科学技术与关键机器设备的自主研发，重视并推动我国农业、粮食、生物等关键行业的研发与生产。除在全国推行增值税转型改革外，还要鼓励企业加大职工技术培训投入，允许更多的职工培训费在税前成本列支；鼓励企业增加研发投入，对新能源、新材料、突破性环保技术等研发加大优惠力度；鼓励与奖励国内企业不断延长产业链条，增强国际市场竞争力与控制力；将文化创意产业等服务业中的研发投入，纳入允许抵扣的范围内,鼓励现代服务业升级；细化出口产品的税则分项，根据不同技术含量和附加值含量，给予不同的出口退税率，支持出口结构升级。此次源于美国的国际金融危机告诉我们，要树立科学的消费观，政府刺激消费的政策必须建立在现实的购买力基础之上,虚拟的购买力必然催生出虚假的繁荣,最终会适得其反。从促进消费角度看，应提高企业职工劳务报酬的税前列支标准，继续提高个人所得税起征点，增加低收入群体的工资所得，进一步加大对社会保障、公共医疗、教育的财政支出，推动与扩大国内消费；继续降低房地产市场虚高价格、降低部分交易环节税收，促进住宅消费回升；调整相关税费政策，鼓励经济型、小排量汽车消费；积极倡导旅游、文化、体育等服务性消费；等等。

五、社会公平与税收政策

税收激励政策在可持续土地利用方面发挥着重要作用，可以通过税收优惠和减免等手段，引导和促进土地的合理利用、生态保护和城乡一体化发展，实现土地资源的可持续利用和保护。税收激励政策可以针对农业生产和生态保护等领域实施。例如，对农业生产中采用节水灌溉、有机种植和生态农业等环保技术的农业企业给予税收减免或抵扣，可以促进农业生产的绿色化、高效化和可持续发展。同时，对保护生态环境、修复生态系统和实施生态补偿等生态保护项目给予税收优惠政策，可以鼓励社会各界参与生态保护，推动生态文明建设。税收激励政策还可以针对城乡一体化发展和乡村振兴实施。政府可以通过对乡村旅游、乡村产业发展和农村基础设施建设等项目给予税收优惠，引导和支持城市居民和企业参与乡村振兴，促进城乡融合发展，实现城乡资源的共享和互补。税收激励政策还可以通过对城市建设和土地利用的指导和引导，促进土地资源的合理配置和利用。政府可以通过对城市更新、土地开发和建设项目的税收激励，引导城市建设向绿色低碳、智慧型和宜居型方向发展，推动城市可持续发展和城市生态环境的改善。税收激励政策在可持续土地利用方面具有重要作用，需要政府根据土地资源的特点和利用需求，设计和实施有针对性的税收激励政策，促进土地资源的合理利用和保护，实现土地资源的可持续利用和城乡共同发展。当前，全社会都在热议 4 万亿元投资之事，除此之外，还有扩大消费与促进出口等一系列措施，所有政策的核心无非是减收增支。处处要钱，钱从何来？财政收入毕竟是有限的，而且要保吃饭与稳定，其次才是建设与发展。从名义上看，我们仍具备一定的发展空间，财政风险也处于可控状态之中，但从现实进一步深入考察，已存在的基层财政困难、多种变相的地方政府负债以及其他隐性的资金缺口等因素，缩小了我国财政的压力承载空间。在这种情况下，出路到底在哪里？我们必须跳出常规思维，求变图新。务求取得实效，调动各方面的积极性与主动性；在大多数人的观念中，财政就是收收支支，这是一种非常狭隘的财政观。实际上，财政是治国理政的基础，收收支支只是外在表现。各级政府各部门的决策都包含着财政要素，其行为举措也在一定程度上制约着最终的财政绩效。我们应该树立大理财观，即政府财政管理每个机构与个人都有责任，而且要借助法律与制度予以贯彻和落实，并基于此实现业务管理创新与财政的良性循环。如果不具备这一视野或理念，很可能带来不可估量的困难或损失。综合上述四方面考虑，面对国际经济环境与国内经济形势的变化，我们应有长期准备与长远打算，对于由此给财政带来的压力，需要通过多种渠道予以化解。让政府有效发挥作用，让各部门各单位有效发挥作用，让市场有效发挥作用，是此轮积极财政政策的核心之所在。当前，经济增长下滑的威胁正一步步逼近我国。这一局面的形成，既有周期性原因，也有结构性原因；既有国际影响，也有国内因素，是综合因素叠加的结果。通过主动的政策选择，从需求、供给、制度改革等多个角度入手，实施积极的财政政策，协调配合其他调控政策，我们一定可以成功应对当前的考验。美国早期的发展经验值得我们学习与借鉴。美国是一个崇尚自由的国度，政府极少直接干预某个行业的发展。但是，除教育和科技外，美国政府对交通建设一直情有独钟。1830 年美国铁路总长 37 千米，1840 年增至 4800 千米，1860 年增至 4.8 万千米，超过世界上其他地区所有铁路长度的总和。在铁路建设中，虽以私营为主，但政府给予铁路公司资金、土地、债券担保、税收优惠等大量支持和帮助。20世纪初，美国政府又几乎完全承担了修建各类公路的重担。便利的交通工具与交通网络强化了地区间的经济联系和合作，也促进了区域经济专业化分工的进一步扩大。

第七章 财政税收与社会政策

第一节 财政在社会福利中的作用

一、财政在社会福利体系中的基础作用

社会福利体系建设是财政政策的重要方向之一，财政在社会福利中发挥着基础性的作用。财政通过税收和政府支出的方式筹集和分配资金，为社会福利项目提供必要的经济支持。例如，政府可以通过社会保障、医疗补助、教育补贴等方式向弱势群体提供福利和服务，以实现社会的公平与公正。财政在社会福利体系中发挥着调节和引导的作用。政府可以通过税收政策的调整和社会福利支出的安排，促进社会资源的合理配置，缩小贫富差距，增强社会的稳定性和可持续发展。例如，通过适度税收调节和社会保障体系的建设，可以缓解社会的收入不平等现象，提高社会整体福利水平。财政在社会福利体系中还扮演着监督和保障的角色。政府通过预算编制、审计监督等手段，确保社会福利支出的合理性、透明度和效益性，保障社会福利资源的有效利用和公平分配。同时，政府还可以通过立法和政策的制定，加强对社会福利领域的管理和监督，防止滥用和浪费，保障社会福利体系的稳定和可持续发展。财政在社会福利体系中具有基础性的作用，是实现社会公平、促进社会稳定和发展的重要手段和保障。政府应当加强对社会福利体系的投入和管理，完善相关政策和制度，不断提高社会福利水平，满足人民群众对美好生活的向往。简言之，此轮积极财政政策决策至少需要考虑以下四方面的问题：金融危机对美国来说已不是新鲜事。从1857年至今，美国共经历了32次危机，从土地泡沫到铁路泡沫，从一个新兴产业泡沫到另一个新兴产业泡沫，一个泡沫破灭所带来的创伤总能迅速地由另一个新泡沫的兴起来修复，美国经济从一个失衡走向另一个失衡，开创出一条创造性毁灭之路。尽管如此，我们还应看到，美国数十次金融危机纵向联系起来呈现出一个共同的趋势，即经济周期微波化，经济周期波动变得越来越平缓。这主要是因为所得税自动稳定器作用的加强、社会保障功

能的发挥、就业结构的高级化、信息技术的广泛应用、经济预测能力的提高、新兴市场国家的发展、生产的全球化以及成熟的政府政策等因素，使得许多传统金融和经济风险被淡化与减弱。从这个意义上讲，美国整体的资本化、金融化与反危机能力因金融危机而逐步得到增强。基于此，金融危机不可能一直恶化下去，但也很难走出"V"形反转之路，最大的可能是"L"形曲线，底部时间的长短取决于美国寻找到下一个新泡沫的时间长短。从美国当前的现实状况来看，房地产市场难以在短期内复苏，新能源、生物产业的鼎盛也尚需时日。这时，比较理性的选择是以时间换空间，在趋于狭窄的发展空间中可能发生的国际博弈与全方位竞争势必会愈演愈烈，我国经济社会面临的外部环境仍然具有很大的不确定性，外部竞争压力也更趋强烈，对此我们要有充分的思想准备。1998年2月，针对亚洲金融危机蔓延之势，党中央国务院提出实施积极的财政政策，一直持续到2004年，我国经济才开始进入新一轮的上升周期。7年间，除减税、收入分配、非税收入等政策调控以外，中央财政累计发行长期建设国债9100亿元，安排国债项目资金8643亿元，拉动银行贷款和各方面配套资金等逾2万亿元。主要投向农林水利和生态建设、交通通信、城市、技术进步、产业升级和农网改造，以及教育 、文化、卫生、旅游等基础设施建设，较好地兼顾了城乡、区域与经济社会的协调发展，比较妥当地处理了短期困难与中长期发展之间的关系。当前，我们面临的考验比上一轮金融危机更严重，出口、消费与企业投资都受到明显削弱，培育与发展除房地产和汽车市场之外的新的经济增长点也不是短期内可以做到的。此轮积极财政政策究竟要实行多久，恐怕不是两三年的事，我们要有长期作战的准备。

二、社会福利支出的财政来源与调配

社会福利支出的财政来源通常包括税收收入、政府借款、社会保险金等多种渠道。税收收入是政府主要的财政来源之一，通过对个人所得税、企业所得税、消费税等税收项目的征收，政府获得资金用于社会福利支出。政府还可以通过发行债券、吸收社会资金、引入外资等方式筹集资金，用于社会福利项目的投入。在社会福利支出的调配方面，政府需要根据社会需求和财政实力进行合理的安排和分配。政府需要确定社会福利支出的优先领域和重点项目，如教育、医疗、社会保障等，以满足社会各个层面的基本需求。政府需要根据财政收支情况和社会福利需求的变化，灵活调整社会福利支出的规模和结构，保障社会福利项目的持续发展和提升。政府还应加强对社会福利支出的管理和监督，确保资金的有效利用和公平分配。政府可以通过预算编制、审计监督等手段，加强对社会福利项目的监督和评估，防止滥用和浪费，提高社会福利资源的利用效率。同时，政府还应加强对社会福利领域的监管和治理，建立健全的制度和机制，促进社会福利支出的合理调配和有效管理。面对国际经济环境与国内经济形势的变化，我们应有长期准备与长远打算。让政府有效发挥作用，让各部门各单位有效发挥作用，让市场有效发挥作用，这是此轮积极财政政策的核心所在。美国的次贷飓风，引发了国际性金融危机，我国经济社会发展正面临着复杂而严峻的形势。对国内外经济形势作出判断与预测，并在立足国内外实际的基础上作出科学的财政政策决策，是当前摆在我们面前的一项重大任务。从国际角度看，当前的金融危机对各主要经济体都造成了不可低估的冲击。受其影响，世界经济已开始告别高增长、低通胀、贸易流量大幅增长的黄金时期，经济增长减速、就业压力加大与贸易保护抬头使世界各国步入多事之秋。美国第三季度 GDP 增长 –0.3%，剔除贸易的贡献，内需增长率是 –1.43%，个人消费、房地产投资以及 企业 设备投资等降幅都比较大。与美国相似，欧盟经济前景堪忧，日本经济也是内忧外患，新兴市场经济体增长明显放缓。俄罗斯 12 月最新公布的数据显示，全国正式登记的失业人数达 130 万人，实际失业人数可能高达 460 万人，而且拖欠工资现象也很严重。综合来看，由于国际金融危机仍在蔓延以及世界经济难以在短期内扭转结构性失衡，全球经济开始走向衰退，各主要经济体的生存与发展空间被大为挤压。客观地讲，这次国际金融危机的影响远大于十年前的亚洲金融危机，任何一个开放的经济体都不可能置身其外。从国内角度看，由于我国加入世界贸易组织后已经成为一个高度开放的经济体，经济发展的外贸依存度远高于美国、日本等发达国家，制造业规模巨大但处于国际分工链条的低端等，使得我国经济社会发展面临着前所未有的挑战。出口企业困难、制造业产能过剩致使经济发展减速、失业率上升，加之近十年来形成的主要经济增长点（楼市、车市）形势也不容乐观，迫切需要政府与市场积极主动应对，共克时艰。一个经济体如何以及何时走出危机或困境，取决于两方面因素：一是化解危机的药方是否对症，二是自身机体的综合素质。应该说，与十年前相比，我们在这两个方面都取得了长足进步，尤其是成功应对亚洲金融危机为我们积累了宝贵的经验，国有银行体系改革取得了历史性进步，市场经济的基本框架初步建成等，为我们成功应对此次危机奠定了坚实的基础。在政策决策时，应具备国际视野，又要立足于我国实际，兼顾近期与中长期的不同需要，充分发挥与调动各方面的积极性，实现各项调控目标。

三、财政在弱势群体保障中的作用

财政在保障弱势群体方面发挥着至关重要的作用。财政可以通过社会救助、福利补贴、医疗保障等措施，提供直接的经济援助和保障，帮助弱势群体改善生活条件，提高生活质量。政府可以通过发放低保金、残疾人补贴等方式，帮助贫困家庭和残疾人群体解决基本生活困难。财政可以通过社会保障体系的建设和完善，为弱势群体提供全面的保障和服务。政府可以建立健全的社会保险制度，包括养老保险、失业保险、医疗保险等，为弱势群体提供基本的社会保障和福利保障，增强其社会融合能力和生活保障水平。财政还可以通过教育、培训等手段，提升弱势群体的素质和能力，帮助其增强自我发展和竞争能力。政府可以增加对教育、职业培训等项目的投入，为弱势群体提供更多的教育机会和发展空间，促进其融入社会和参与经济活动。财政在弱势群体保障中具有重要作用，需要政府加强对社会福利体系的投入和管理，建立健全的社会保障体系，完善相关政策和制度，切实保障弱势群体的基本权益和福利需求，促进社会公平和稳定。财税体制从根本上说，是关于资源和收入在社会成员与政府部门之间以及在各级政府机构之间进行配置和再配置的制度安排。因为这种制度安排对社会成员的经济行为有着巨大影响，进而也通过这种影响对财政货币政策效应的形成发生作用。目前我国的税制主要是 1994 年在治理严重通货膨胀的背景下产生的，现在的宏观经济背景与当年显著不同，故现行税制与经济发展不相适应的矛盾日益突出，税收政策与扩张性财政货币政策的目标取向显得极不协调，也因此降低了财政货币政策的有效性。比如现行增值税，其模式是生产型的，即是一种对投资征高税的制度，越是高新技术或者机器设备越多的大型企业，不能抵扣的税金就越多，企业税负就越重，这种抑制投资需求的税种阻碍了投资的扩大，不符合加强技术创新、优化经济结构的要求，从而也不利于提高财政货币政策的有效性。财政政策和货币政策内部各工具之间（如利率、税率、汇率）以及财政政策和货币政策之间，都应围绕宏观调控的总目标彼此协调一致、相互配合，避免相互冲突而使政策效应弱化。

四、财政在教育和医疗等领域的投入与影响

财政在教育和医疗等领域的投入对社会福利和经济发展具有重要影响。在教育领域，政府通过增加对教育的投入，提高教育资源的配置和质量，促进了人力资本的积累和人才的培养。通过建设学校、培训师资队伍、提供奖学金和助学金等方式，政府为学生提供了更多的教育机会，推动了教育公平和社会流动性，促进了国民素质的提升和经济发展的可持续性。在医疗领域，政府通过增加对医疗卫生事业的投入，改善了医疗资源的配置和服务质量，提高了人民群众的健康水平和生活质量。政府可以建设医疗机构、培训医务人员、提供医疗保障等措施，为人民群众提供全面、高效的医疗服务，保障了人民群众的健康权益，促进了全民健康和社会稳定。教育和医疗等领域的投入还可以促进经济增长和社会进步。教育和医疗产业的发展不仅可以创造就业机会和经济增长点，还可以提高劳动力素质和生产力水平，推动经济结构升级和转型

发展。同时，优质的教育和医疗服务也可以吸引人才流入和资本投入，促进地区经济的繁荣和社会的发展。政府应当加大对教育和医疗等社会福利领域的投入，完善相关政策和制度，提高教育和医疗资源的配置效率和服务质量，促进社会公平和经济持续发展。无论对于财政政策还是货币政策而言，其效应的形成机理都是通过最初的政策变量的改变进而经过该变量在一定经济结构内与其他变量的相互作用而产生的。如果经济结构不合理，即使是适当的财政货币政策也不能发挥应有的效应。

我国目前经济结构不合理突出表现在：第二产业的地区产业结构趋同、同一类型的企业低水平重复建设严重；第三产业发展滞后；第一产业现代化程度太低，劳动生产率低下。这些问题的存在，使社会总供求的结构错位，既抑制了有效需求，使得需求严重不足，又造成了大量低效供给与无效供给，使供给相对过剩，亦即供给相对过剩与有效供给不足并存，在这种情况下，扩张需求仅依靠财政货币政策往往难以奏效，而必须通过调整结构改善供求的结构性关系来实现。调整经济结构一是要促进传统部门的产品升级换代；二是要治理低水平重复；三是要促进新兴产业部门的发展，实现产业结构的优化升级。例如促进高新技术产业的发展，促进生物工程产业的发展，促进以教育产业化和旅游产业化等为特征的精神产品产业的发展，使新的需求得以较快增长；四是要加大对农业的投入，提高第一产业的现代化水平；五是要减少对第三产业的准入障碍，向民间资本开放第三产业投资领域，形成有效竞争的格局，全面提高第三产业的产值比重和质量水平，以增加第三产业的有效供给。总之，只有在结构调整中，才能在形成新的供给（有效供给）的同时形成新的需求，使供求结构相衔接。这样财政投入和货币政策引致的投资增加才不会以存货的形式沉淀下来，从而为财政货币政策乘数的形成提供必要前提。

五、财政在老年人和儿童福利保障中的角色

财政在社会保障体系建设中扮演着至关重要的角色。财政可以通过建立和完善社会保险制度，为社会各个层面的人群提供基本的生活保障和福利保障。例如，政府可以设立养老保险、失业保险、医疗保险等社会保险项目，为退休人员、失业者、生病患者等提供经济支持和医疗保障，保障其基本生活权益。财政可以通过社会救助和福利补贴等方式，帮助社会上的弱势群体和困难群体，提高其生活水平和社会融合能力。政府可以设立低保金、残疾人补贴、特困家庭救助等项目，为贫困家庭、残疾人群体、特殊困难群体等提供经济援助和帮助，帮助他们摆脱贫困和困境，融入社会。财政还可以通过提供教育、就业培训等公共服务，增强人民群众的自我发展能力和竞争力，减少社会不平等现象，促进社会和谐稳定。政府可以投入资金建设学校、培训中心等

教育和培训机构，为社会各个层面的人群提供优质的教育和培训服务，提高他们的文化素质和就业技能，促进就业和社会稳定。财政在社会保障体系建设中具有重要作用，需要政府加强对社会保障体系的投入和管理，完善相关政策和制度，切实保障人民群众的基本生活权益和福利需求，促进社会公平和稳定。消费是驱动经济增长的三驾马车之一，无论是对财政政策乘数还是对货币政策乘数而言，都是边际消费倾向越大则乘数越大。所以提高低收入阶层的收入水平和提高全体居民特别是中、高收入阶层居民的边际消费倾向，对于提高财政政策和货币政策效应有着特别重要的意义。为此应该从以下几个方面采取措施。

1. 提高农民收入，降低贫困人口比重。第一，增加对农村的财政投入，努力改善农村的自然条件、基础设施和公共服务，这是提高第一产业相对生产率进而提高农民收入的物质前提。第二，现行农村土地使用权的管理方法，研究农民具有固定土地使用权并可进行交换的具体方法，以促进土地的规模化经营。这是改变落后耕作方式，提高相对生产率进而提高农民收入的制度前提。第三，逐渐取消户籍制，坚决取消对农民的歧视性就业政策，彻底清除限制农民向城市流动的体制障碍，使进入城市并能在城市以合理合法方式生存的农民获得体制内生存，享受公正的体制待遇。这既是农业规模化经营的前提，也是迅速降低贫困人口比重的有效途径。第四，实行优惠（至少是公平）政策，进一步促进乡镇企业的发展，并在政府的规划及其相关政策配合下通过市场机制引导乡镇企业向一定的地域适当集中，以产生集聚效应，促进农村城市化进程。农村城市化是农民非农化进而降低贫困人口比重的最根本途径。

2. 加快建立社会保障体制，引导居民消费伦理合理转变。居民对未来预期收入与支出的不确定性，是居民预防性储蓄的主要动因。居民的这种不确定性越大，预防性储蓄的比率就越高，相应地即期消费也就越少。如果建立社会保障体制，可以消除或减少居民的不确定性，使消费持久上升。同时应积极发展消费信贷，促进居民消费伦理合理转变。居民在从低收入的生存型消费转变为高收入质量型消费时，消费占其收入的比重增加，周期变长，若靠居民自己储蓄，则需要很长时间，使消费波动性较大，容易出现消费的"断层"。消费信贷的介入使居民可以"花未来的钱"，从而使居民消费结构的转变在支出上得以平缓地实现，降低消费的过度敏感性，避免消费"断层"的出现。如果说低收入阶层的消费疲软可以通过收入调节来激活的话，高收入阶层的消费疲软则只能通过供给调节来激活。应通过供给主体性质的多元化来增加有效供给，从而消除供给结构"折层"，这对启动高收入群体的消费进而提高他们的消费倾向有着不可替代的作用。

第二节　税收政策与社会公平

一、税收政策对社会收入分配的影响

税收政策对社会收入分配产生深远影响的原因在于其直接影响着个人和家庭的可支配收入水平。通过税收政策的制定，政府可以对不同收入群体征收不同的税率或实施不同的税收政策，从而对社会收入分配进行调控。例如，针对高收入者征收较高的累进税率，或者实施财产税等税收措施，可以在一定程度上减少高收入者的财富积累速度，缩小贫富差距。此外，政府也可以通过对低收入者征收较低的税率、给予税收优惠或提供社会福利等方式，来提高低收入者的可支配收入水平，促进社会的收入公平。除了直接的税收政策，税收政策还通过影响企业行为和市场机制间接地影响着社会收入分配。例如，减少对富裕企业的税收优惠或对富裕家庭的遗产税征收，可能减少贫富差距，促进社会公平。同时，通过税收政策鼓励创业和创新，提高低收入群体的收入来源，也是实现社会收入分配公平的重要途径之一。综上所述，税收政策在影响社会收入分配方面具有重要作用，其合理性和公正性对社会经济的稳定和可持续发展至关重要。在通货紧缩条件下，货币供应的内生性加强是货币政策有效性降低的一个重要原因，而商业银行对央行调控行为的不配合又是货币内生性增强的原因。目前我国四大商业银行的存贷款总额仍占全部存贷款总额的近70%，它们对货币政策效应有着举足轻重的影响。而目前我国四大商业银行不仅有着一般国有企业的通病，而且还存在大企业病。在1997年亚洲金融危机爆发前，四大商业银行普遍缺乏风险控制机制，形成了大量烂账、坏账（当然原因是多方面的）。吸取亚洲金融危机的教训，危机之后我国商业银行普遍加强了风险控制。但现在的问题是它们似乎从一个极端走到了另一个极端，即在强化风险控制的同时没有构建与之相匹配的激励机制，以致出现普遍的消极"借贷"的行为，这种行为加剧了这次的通货紧缩。究其根源，这种消极"借贷"与当初缺乏风险控制一样，都是产权制度的缺陷所致。基于此，目前理论界和银行实际部门都在探索深化国有银行的措施，比如"多级法人制""切块上市"等。尽管在具体措施上有不同争论，但在总体方向上是比较一致的，那就是国有商业银行也必须建立现代企业制度，在实现产权多元化的基础上建立有效的企业治理结构。使之成为以利润最大化为目标的真正的企业。投融资体制缺陷是我国重复建设严重、经济结构不合理和财政政策效应低下的重要根源之一、实践表明，缺乏微观指引的扩张性宏观政策往往只能大量增加存货而使资金沉淀，从而不能带来较大的乘数效应。那么

如何发挥微观指引作用呢？这就需要深化融资和投资领域，让市场在资源配置中发挥更大的作用，使资金流入有效益的行业和企业，减少政府在投融资领域的干预，建立符合市场规律和国际标准的投融资体系。具体而言，一方面要求商业银行提高贷款回报，并从外部"硬化"企业的财务预算。另一方面，则需要建立和发展新型的中介机构，尤其是高水准的专业化投资银行和基金管理公司，以识别高回报的投资项目，进行有选择的融资和投资提高投资的效益水平。不仅如此，这些金融机构可以依托市场对国有企业进行资产和债务重组，从而将国有企业、经济结构调整与投融资有机结合起来，造就行为端正的微观经济单位，为包括财政货币政策在内的各种宏观政策的实施提供良好的微观基础和机制。

二、税收政策与贫富差距的调控

税收政策在调节社会贫富差距方面扮演着重要角色。通过税收政策的制定和执行，政府可以采取一系列措施来缩小贫富差距，促进社会的平等和公正。政府可以通过设立累进税制，即对高收入者征收较高的税率，而对低收入者征收较低的税率，以实现收入再分配。这样的税收政策可以在一定程度上减少富人的财富积累速度，缓解贫富差距。政府还可以通过实施遗产税、财产税等措施来限制富人家庭财富的传承，防止财富集中于少数家庭，从而降低社会的不平等程度。除了直接影响个人财富的税收政策，政府还可以通过税收优惠、补贴和福利措施等间接方式来调控贫富差距。例如，为低收入群体提供税收优惠或现金补贴，为失业者提供就业援助和培训，可以提高他们的收入水平，减轻贫困人口的经济压力，从而缩小贫富差距。此外，政府还可以通过发展教育、医疗等公共服务领域，提供更多的公共资源和机会，为贫困人群提供更多的上升通道，从而增加社会的流动性，减小贫富差距。税收政策在调节贫富差距、促进社会公平和公正方面发挥着重要作用。通过合理设计和执行税收政策，政府可以有效地减小社会的贫富差距，建立更加平等和包容的社会秩序。

1.完善金融市场。金融市场是货币政策以及财政政策传导和发生作用的重要条件，培育和呵护市场特别是金融市场，其本身就是实施有效财政货币政策的前提和内容之一，随着我国金融自由化步伐的加快，金融市场的发展极为迅速，在这种条件下，原有的市场管理原则已不适应经济发展的需要。而且发生这种变化后，中央银行货币政策的传导过程也会相应发生变化，所以必须对有关方面进行。从货币政策传导机制的角度来看，主要应该从以下几方面入手：一是逐渐增加同业拆借市场的市场参与者，根据有关规定允许符合条件的合作金融机构、证券公司以及投资基金管理公司参与同业拆借市场，从而扩大同业拆借市场的资金需求，降低银行信贷资金滞留在同业拆借市场的比例。二是发展国债回购市场，建立国债回购的一级交易商制度，这不仅能完善我国的金融市场体系，还能为中央银行公开市场操作提供交易场所与交易对象。三是加快商业信用票据化的步伐。实现企业间资金融通的票据化不仅有助于解决长期以来困扰我国的"三角债"问题，还可以为中央银行货币政策调控增加了一条有效途径。四是发展资本市场，增加企业直接融资的比率，提高企业和居民户资金安排的利率敏感度。五是大力开发金融产品，鼓励和引导各种金融机构进行产品创新和有利市场化方向的制度创新。

2. 采取措施逐步实现利率市场化。利率作为资金的价格，在成熟的市场经济条件下，它对资金这种稀缺资源的配置起着不可替代的作用，故常被用来作为货币政策的中介目标。然而在存贷款利率受到严格管制的条件下，利率的这种作用受到极大限制。市场化的利率作为货币政策有效性的重要条件之一，从提高货币政策效应的角度上说，实行利率市场化是有益的。但实行利率市场化必须具备一定的前提，它们至少包括：第一，对利率变化具有较高敏感度的存、贷款主体；第二，完全商业化运作的银行机构，它们既有严格的风险控制机制和能力，又有追求利率最大化的有效的激励机制和动力；第三，中央银行具有较高的监管水平。目前，中国的通货膨胀负增长，总体利率水平较低，商业银行自我约束加强，利率扩张机制受到抑制，是实行利率市场化的有利时机。可以在扩大银行贷款利率浮动幅度的基础上逐步放开对贷款的直接利率管制，让商业银行根据贷款对象的资信状况和贷款的风险大小，灵活确定贷款利率。此后，对存款利率实行上下限管理，扩大浮动幅度，最终实现存款利率的自由化，让利率真正成为资金的"价格"，居民还可以充分自由地选择金融商品，各类企业可以在利率约束条件下一视同仁地获得贷款，这样必能提高居民户和企业资金需求的利率弹性，从而促进货币政策效应的提高。

三、税收政策对社会阶层流动的影响

税收政策在很大程度上会影响社会的阶层流动情况。阶层流动指的是个人或家庭在社会中从一个社会阶层向另一个社会阶层的变动。税收政策可以通过影响个人和家庭的收入、财富积累和社会地位来影响其所处的社会阶层，进而影响整个社会的阶层流动情况。税收政策对不同收入阶层的税率设置直接影响着个人和家庭的可支配收入。较高的税率可能会减少高收入者的实际收入，从而降低他们的消费和投资能力，对其社会地位和阶层流动产生影响。相反，较低的税率可能会提高低收入者的实际收入水平，增加其生活品质和社会活动的机会，促进其向更高阶层的流动。税收政策对财富积累和传承也具有重要影响。通过对遗产税、财产税等的征收，政府可以限制富裕家庭财富的传承，减少财富的集中程度，为更多的人提供阶层流动的机会。此外，税收政策也可以通过鼓励创业和创新来提高个人和家庭的收入水平，促进社会的阶层流动。税收政策在影响社会阶层流动方面发挥着重要作用。通过合理设计和执行税收政策，政府可以促进社会的阶层流动，为更多的人提供实现社会上升的机会，实现社会的公平和包容。在市场经济中，追求利润最大化的企业、追求效用最大化的消费者和追求收益最大化（或风险最小化）的投资者成了经济运行的微观基础。满足了这种定语限制的经济主体是与市场经济运行的内在要求相适应的或者说相容的，反之则不是。这几个看似简单的修饰语，可以作为判断经济主体是否市场化的标准。以此标准来衡量，目前我国各种经济主体尚未实现市场化或者尚未完全实现市场化。换言之，目前我国经济的微观基础与市场经济是不相容的或者说是不完全相容的。财政政策与货币政策是市场经济条件下的宏观调控手段，而宏观调控手段与传统计划经济条件下的"经济计划"手段最大的区别就在于，后者是一种对经济的事前规制，因为它是计划者对被计划者的直接控制，所以它发挥作用不需要市场作为媒介。而前者即宏观调控是市场机制充分发挥作用从而导致经济总量非均衡对政府提出的调控经济的内在要求，以减少市场机制自动调节的时滞所产生的高昂成本。可见，宏观调控既是市场机制作用的结果，又是提高市场经济效率的必然要求。同时，宏观调控政策的有效性又必须以市场行为人能够对各种市场信号作出灵敏的反应为前提。这就是说，财政货币政策有效性是基于与市场经济相容的、完善的微观经济基础之上的。那么，要提高财政政策和货币政策效应，就必须改善这种微观基础，具体包括以下几方面：

1. 从宏观层次和微观层次国有企业。从宏观层次国有企业就是站在全局的高度对国有企业进行战略性重组和结构性调整。这需要进一步完善国有企业的退出机制，以全面收缩国有企业的经营战线，使其尽可能地从一般竞争性领域退出，让位给比它具有更高效率的其他所有制企业。这既是非国有企业发展的需要，同时也是国有企业自身和整个经济发展的需要。事实上，国有企业的巨额亏损不仅使中央和地方财政难以承受，也给银行造成了沉重的负担。因为一个充斥着不可持续的信用扩张的经济结构以及一个充斥着大量的不良债权的经济体系都是不可能持续下去的。一个很明显的经验事实是，在传统国有企业经营体制下，由于预算的极度软约束，为了追求控制权的扩大，国有企业普遍存在无效率的规模扩张，在这种情况下它对贷款利率信号是极不敏感的。国有企业累积的风险可以转嫁给银行，银行最终又转嫁给国家。在这种微观基础上，货币政策和财政政策（由于缺乏效率）都将无效。从这个意义上说，从宏观层次国有企业是提高财政货币政策效应的首要前提。而从微观层次国有企业是指对那些经战略性重组后保留下来的有存续必要的国有企业，按照其行业性质和对国家经济安全影响程度等方面的不同，分别建立适合他们各自特点的企业制度和企业经营机制。

但总的趋势应该是，除极少数企业继续保持国有独资外，对绝大多数国有企业都要进行规范的股份制改造，建立现代企业制度，进行全面的制度创新，建立起与市场经济体制相容的微观运行机制，从而强化它作为市场主体的性质和功能，参与市场的公平竞争，或发展壮大，或退出消失。

2. 保护非公产权。财政投资对民间投资的带动不足，是扩张性财政政策效应偏低的一个重要原因。而民间投资不足的原因主要有两个：其一为银行对非公企业贷款的歧视性政策，其二为对非公产权保护的法律框架不健全。在这种情况下，非公财产所有者特别是私人财产所有者的不确定因素多，保卫自己财产的交易成本过高。这种不确定使企业家无法形成对未来的稳定预期，从而导致非公投资者缺乏全力以赴投资的长期行为。这样，作为市场经济微观基础不可或缺的重要组成部分的各种非公企业，就很难发展到其应有的规模、水平和实力。

3. 进一步打破垄断，向非公企业开放更多的领域。第一，减少对传统国有垄断部门的准入障碍，即向民间资本（非国有经济）开放这些投资领域，这一方面为竞争格局形成提供基本前提，另一方面达到启动民间投资需求，增强社会对未来经济良好预期之目的。第二，正如国有部门垄断地位形成靠的是国家力量一样，打破这种垄断也必须依靠国家力量，对诸如电信、民航、电力、铁路、教育、金融等传统垄断领域，科技进步及社会发展已为它们成为竞争性领域提供了可能性，国家不仅要允许而且应以优惠政策鼓励新人，同时对目前居于垄断地位的企业赋予更多的逆补贴方式，以促使竞争格局的早日形成。

四、税收政策与社会福利的关系

税收政策在很大程度上也影响个人的就业和职业选择。税收政策的设计和执行会直接影响个人和企业的经济活动，从而影响就业市场的供求关系和职业发展的方向。税收政策对企业的税负和成本结构产生影响，从而影响企业的雇用决策。例如，较高的企业所得税率和雇用成本可能会导致企业减少招聘或降低雇用规模，进而影响就业市场的供给。此外，税收政策中的各种税收优惠和减免措施也可能会影响企业的人才招聘和员工福利待遇，从而影响个人对于就业的选择。个人所得税率和税收制度也会直接影响到个人的职业选择和劳动供给。高税率可能会减少个人从事高收入职业的意愿，而选择从事低收入或非正规经济活动，以减少税收负担。此外，税收政策中的各种税收优惠和减免措施可能会影响个人选择自由职业、创业或从事特定行业的意愿。税收政策也可能通过影响经济结构和产业发展来影响就业市场的结构和职业发展的方向。例如，政府通过对绿色产业和创新产业提供税收优惠，鼓励人们从事环保和科技领域的工作，促进绿色经济的发展和就业机会的增加。税收政策在影响就业和职业选择方面发挥着重要作用。通过合理设计和执行税收政策，政府可以促进就业市场的健康发展，提高就业机会和人才流动性，从而促进经济的持续增长和社会的稳定。税收扶持力度相对比较低，我国政府对中小企业发展的创业期的具体税收扶持力度相对不够，主要体现在以下几个方面：我国税收体系不完善，具体优惠政策涉及范围窄。我国目前对于中小企业的一些税收优惠政策方面，无论在涉及具体税种方面还是在一些优惠的支持力度方面往往都还有很强的发展局限性。优惠的基本税种局限于增值税以及所得税，其他方面税种涉及非常少。优惠方式往往集中在降低相关税率和减免具体税款两方面：一是手段过于单一。我国社会目前缺乏专门针对中小企业的科学税法体系，税收优惠具体政策的单一与国内一些中小企业发展存在的多变性特点不相符合。而国家流转税征税面过于广，对于中小企业运作过程中的各方面以及各环节都能不同程度地产生或大或小的不利影响，若不在这些税收环节辅以必要措施加以提高支持，将出现事倍功半的现象。二是我国优惠政策在具体执行效率方面不高。我国的一些税收政策没有真正纳入税收支出的财政预算管理，与之发展相配套的国家政策监督体系尚未真正形成，这就使得财政政策执行随意性特别强，透明度很低。推出中小企业税收政策我国现在已经出台了很多相关优惠政策，扶持中小企业发展壮大，而且都取得了非常不错的成效，但是必须注意到，在总体税制结构及具体税种设计等一些方面还存在许多问题，导致国内中小企业融资难等一系列问题还没有真正得到很好的解决，所以政府应该坚持从根本上进行调整税制结构行为，在相关技术创新、行业产业引导、社会资金投入等一些方面，坚持对中小企业实施更大范围的扶持、相关所得税制，为国内中小企业的良好发展提供优惠的税收政策环境，促进中小企业得到更好的发展。完善我国税收法律制度优化税制结构是非常重要的。应努力建立公平、高效的企业所得税制结构税收制度。我国在一些所得税政策的制定中应充分考虑股息减免方式及部分一体化问题，坚持和完善我国现行的所得税税收制，进行刺激投资，大力采取多种方式，如股息扣除、投资额抵减等方式，加大支持力度，支持企业自有资金的发展与进一步投放。要坚持调整流转税及所得税二者的具体结构和关系。坚持调整我国税制结构，逐步降低我国流转税在其中所占具体比重，同时不断提高所得税制的征收比例。这样才可以真正意义上地实现降低中小企业的征收税收负担，实现提高中小企业发展的积极性和市场适应性，逐渐形成一个科学有效的税制支持体系，使税收行为能够真正地对中小企业发展起到促进作用，对社会经济发展和我国社会收入分配方面产生良性影响。强化我国税收征管工作，不断积极推行社会税务制度。坚持对于缺少建章建制的中小企业，实行专户管理制度，加大征收力量投入，专人负责及定期检查税收，加强监管制度，建立适合实际情况的税收模式；对于一些愿意建章建制的相关企业，给予一些税收优惠。除此之外，还要坚持推广税务社会制度，建立社会第三方的相关税收机构，实现帮助企业进行科学建章建制和建立财务核算管理相关工作，进行税收业务的培训及税收筹划，使企业可以按时纳税、合理避税。规范对中小企业的税收政策，坚持建立有利于中小企业在创业期的税收优惠政策。政府要不断加大对中小企业发展初创期的政策扶持力度，相应增加一些初创期企业的具体税收优惠力度，坚持减免各种所得税征收，更要加大对初创期中小企业政府方面的服务，这样才可以为其创造一个良好的社会生存环境，帮中小企业顺利度过创业期。我国政府可以尝试扩大对一些中小企业具体的优惠政策范围，即对初创期中小型企业的具体减免税的相关期限进行延长，减轻中小企业的负担。

五、税收政策在促进社会公平中的作用

税收政策可以通过影响教育和技能培训的投入和激励，对个人的职业发展和就业能力产生重要影响。在税收政策的影响下，政府和个人可能会作出不同的决策，从而影响教育和技能培训的供给和需求，进而影响劳动力市场的结构和就业水平。税收政策可以通过对教育支出的税收优惠和减免来鼓励个人和家庭增加教育投入。政府可以对个人的教育支出提供税收抵扣或减免，或者对学费、教育贷款等提供税收优惠，以鼓励更多人接受高等教育和技能培训，提高其就业竞争力和收入水平。税收政策也可以通过对教育机构和培训机构的税收政策来影响教育和技能培训的供给。政府可以通过减免或降低教育机构的税负，鼓励其提供更多的教育和培训服务，提高教育质量和就业技能水平。此外，政府还可以通过税收优惠和奖励机制，鼓励企业提供员工培训和技能提升机会，从而提高劳动力市场的技能水平和就业质量。税收政策可以通过对教育和技能培训领域的投资和补贴来影响教育和技能培训的需求。政府可以通过调整教育经费的支出和投入，加大对教育和技能培训的补贴力度，以满足社会对高素质人才的需求，提高劳动力市场的竞争力和创新能力。税收政策对教育和技能培训的影响是多方面的。通过合理设计和执行税收政策，政府可以促进教育和技能培训的供给和需求，提高劳动力市场的人才素质和就业能力，从而促进经济的持续增长和社会的稳定。财政资金投入力度低下，效率不高在我国过去非常长的一段历史时间里，政府只对大中型国有企业给予重视，而对国内中小企业的发展过分忽略，这不可避免地造成了政府在具体资金支持安排方面都倾向于相关国有企业，而对国内中小企业就明显缺少基本的资金支持，这对于国内中小企业的未来发展非常不公平。在这种不公平的情况下，广大中小企业的发展只能依靠自身的一些原始资本积累，或者进行高额利息实现外部融资，耗费了企业大量的社会融资成本。政府方面给予的财政资金由于在实际操作过

程中无法明确具体的标准，在具体分配的过程中往往也没有与国内中小企业的相关划分标准科学结合，这样政府财政资金的具体使用就非常容易处于混乱无序的状态，而且也非常容易受一些人为因素干预，甚至滋生腐败行为，大大降低了政府财政资金的使用效率，并没有真正达到国家标准。同时，我国政府财政资金的支持规模较小。我国社会经济发展水平目前还没达到发达国家的程度，因此政府财力非常有限，这在客观上造成了财政资金的支持总量不足。支持中小企业的财政政策手段相对单一，我国财政政策在具体运用财政拨款方面，支持国内中小企业资金需求等过程中存在许多现实问题，效果无法让人满意。财政资金非常不足。客观来讲，我国处于社会主义发展的初级阶段，全国社会经济的发展还未达到发达国家的程度，经济实力相对较弱，很多省份地方政府甚至还存在连年赤字现象，因此对于政府财政政策支持方面需要的中小企业资金便非常不足了。这种资金短缺的局面使得地方财政上能够真正用于支持中小企业发展的资金十分有限。管理方面非常不完善。我国目前仍然处于社会经济转型期，国家财政资金的相关分配制度尚未得到完善。我国政府对于中小企业进行的经济扶持，运用政府财政资金的拨款支持中小企业，政府方面投入大量人力及物力，但是扶持效果并不十分明显，其中一个非常重要的原因就是我国社会经济基础现在非常薄弱，政府财政资金一般用于支持中小企业的具体数量比较小，而且政府财政资金的分配问题也处处受限。立法程度相对低，国家法规不健全。目前，我国并没有完善的针对中小企业发展的专门的具体税收法律。其中包括对国内中小企业的具体税收优惠政策方面都没有一个相对集中的体系，税收形式多样，而且经常分布在不同税法文件、具体实施细则、相关通知和补充的法律规定中，有一些税收优惠方面的政策经常变动调整，甚至需要查阅法律及管理规定的很多文件才能查询到。国家税收优惠政策方面的内容较分散不集中，并没有真正规范性的税收优惠系统文件，在实施执行起来就会很容易产生混乱，没有法律约束力，因此政策的落实往往很难到位，难以实现对中小企业实施税收优惠、促进企业健康发展的目的。财政政策方面也一样没有真正对于中小企业的具体政策扶持方面的相关法律体系。在当前法治社会中，我国中小企业名义上可享有很多财政及税收优惠政策，但是在实际中这些优惠政策往往缺乏规范的国家法律依据，缺乏权威的国家法律条文作为优惠依据。

第三节　税收在医疗保障体系中的应用

一、医疗保障体系的税收资金来源

医疗保障体系通常需要大量的资金支持，而税收是其中重要的资金来源之一。税收作为国家财政的重要组成部分，通过各种税收政策和税种，为医疗保障体系提供资金支持。这些税收包括但不限于个人所得税、企业所得税、消费税、社会保险税等。个人所得税是医疗保障体系的重要税收来源之一。政府通过征收个人所得税，从个人收入中提取一部分资金用于医疗保障支出。此外，企业所得税也是重要的税收来源之一，政府通过征收企业所得税，从企业盈利中提取一部分资金用于医疗保障支出。消费税也是医疗保障体系的重要税收来源之一。政府通过征收消费税，从商品和服务的消费中提取一部分资金用于医疗保障支出。社会保险税也是医疗保障体系的重要税收来源之一，政府通过征收社会保险税，从企业和个人的社会保险缴费中提取一部分资金用于医疗保障支出。医疗保障体系的税收资金来源主要包括个人所得税、企业所得税、消费税和社会保险税等各种税收，这些税收通过政府的征收和管理，为医疗保障体系提供资金支持，保障医疗保障服务的正常运行。财政管理是指政府在预算、税收、支出和债务等方面对公共财政进行管理的过程。它主要涉及政府部门的收入与支出、债务以及经济活动的调控等方面。财政管理的重要性体现在以下几个方面：财政管理是政府实现宏观调控和经济稳定的重要手段。通过合理的税收政策和财政支出，政府可以调整经济运行状况，以促进就业、稳定物价和经济增长。财政管理是政府保障社会公共利益的重要途径。政府通过财政管理来提供公共服务，如教育、医疗、社会福利等，以满足人民的基本需求，促进社会公平和福利。财政管理是政府推进经济结构调整和产业升级的重要手段。通过财政政策的引导和调节，政府可以对经济进行定向投资，促进产业升级和可持续发展。税务管理是指政府对纳税行为进行监管和管理的过程。税收作为政府的重要财政收入来源，税务管理对于维护财政稳定、公平纳税和社会和谐具有重要意义。税务管理的主要内容包括税收政策、税收征管、税务征收与追缴等方面。税务管理是保障财政收入的重要手段。通过税务管理，政府可以规范和强化纳税行为，确保税收按时按额征收，保证财政收入的稳定性和可持续性。税务管理是促进社会公平和公正的重要方式。通过税务制度的设计和税收政策的实施，可以实现财富再分配，缩小贫富差距，促进社会公平和经济公正。税务管理是提高政府治理效能和推动经济发展的重要手段。通过税务管理，政府可以激发企业和个人的创造活力，提高经济效率，推动经济增长和公共事业发展。财政管理和税务管理密切相关，二者相互依存、相互促进。税收是财政收入的重要来源，而财政支出则需要通过税收来实现。财政管理通过预算制度和财政支出计划来规范政府部门的支出行为，而税务管理则通过税收政策和税收征收来保障财政收入和财政稳定。财政管理和税务管理的相关性还表现在宏观调控和经济发展方面。财政政策和税收政策相互配合，可以实现对经济的调控和引导，促进经济增长和稳定。政府部门的财政与税务管理是现代社会中不可或缺的重要组成部分。它们对于保障财政收入、促进经济发展和维护社会公平具有重要意义。只有通过科学合理的财政与税务管理，政府才能更好地履行职责，实现国家的繁荣。

二、税收政策与医疗保障的关系

税收政策在医疗保障领域起着重要的调节和支持作用。税收政策的设计和执行可以直接影响医疗保障的覆盖范围、服务质量、可及性和公平性。税收政策可以通过税收收入的调配来支持医疗保障体系的建设和运行。政府可以将税收收入用于扩大医疗保障的覆盖范围，提高医疗服务的质量和可及性，增加医疗保障的经济保障水平，从而提高全民健康水平和社会福祉。税收政策也可以通过税收优惠和减免来鼓励个人和企业增加医疗保障的投入。例如，政府可以通过对医疗保险缴费的税收抵扣或减免，鼓励个人和家庭购买医疗保险，提高医疗保障的覆盖率和保障水平。同时，政府还可以通过对医疗机构和医疗设备的税收优惠和减免，鼓励企业增加医疗保障的投入，提高医疗服务的质量和效率。税收政策还可以通过税收调节和监管，规范医疗保障市场的秩序，防止医疗保障领域的不当行为和市场失序，保障医疗保障服务的公平性和可持续性。政府可以通过税收监管和执法，打击医疗保障领域的违法违规行为，维护医疗保障的合法权益，保障医疗保障服务的质量和安全。税收政策在医疗保障领域的作用是多方面的，可以通过税收收入的调配、税收优惠和减免、税收调节和监管等方式，支持医疗保障体系的建设和运行，提高医疗保障的覆盖范围、服务质量和公平性。

三、税收优惠与医疗保险

税收优惠是指政府为了鼓励个人和企业参与医疗保险活动而设立的税收政策措施。通过税收优惠，政府可以降低参与医疗保险的成本，促进医疗保险的普及和覆盖率，提高医疗保险体系的可及性和公平性。在个人层面，政府可以通过对医疗保险缴费的税收抵扣或减免来鼓励个人参与医疗保险。例如，政府可以对个人在医疗保险上的支出给予一定比例的税收抵扣，减少个人税负，从而降低医疗保险的成本，增加个人购买医疗保险的积极性。此外，政府还可以对个人医疗支出的一部分给予税收减免，减轻个人医疗费用的负担，提高个人医疗保障的覆盖率和保障水平。在企业层面，政府可以通过对企业医疗保险支出的税收优惠和减免来鼓励企业提供医疗保险福利。例如，政府可以对企业在为员工购买医疗保险或提供医疗保障服务方面的支出给予税收抵扣或减免，降低企业的税负，增加企业提供医疗保障的积极性。此外，政府还可以对企业在医疗保险方面的支出给予税收优惠，鼓励企业提高医疗保障的覆盖范围和保障水平，促进员工健康和企业稳定发展。税收优惠是促进医疗保险普及和提高医疗保障水平的重要政策工具，可以通过对个人和企业医疗保险支出的税收抵扣、减免和优惠等方式，降低医疗保险的成本，提高医疗保险的覆盖率和保障水平，促进医疗保险体系的发展和完善。财政政策是指政府通过调节财政收支规模和结构，影响经济运行的宏观经济政策。财政政策具有直接性和时效性等优点，在经济危机、通货膨胀、通缩等不同的宏观经济景气表现时，财政政策都能提供经济支撑。一方面，财政政策的宏观调节作用能够影响整个国家的经济走势，因此对经济的拉动和抑制具有很大的作用，能够在宏观层面上扶持整个市场。在据实践证明中，财政支出一般会带来经济的扩张发展。例如，政府增加基础建设、对贫困人口的补贴、鼓励科技发展等都可以带动经济增长。同时，在宏观经济状况不好的时候，政府也可减少支出，稳定物价，提高市场信心，从而缓解企业的经营压力。另一方面，财政政策与税收政策的联合作用会影响企业的投资和消费行为，对企业的利润和市场发展产生影响。政府通过调整财政支出、税收政策和公共预算安排等方式，还可以对财政收支提出要求，增加政府支出预算，增强市场信心，促进经济复苏。而税收政策的改变不能直接影响企业盈利，但它还是能对经济产生影响。政府通过税收政策的调整，可以让市场获得适应性和灵活性。例如，某市调整了地价，以适应当地房地产市场的发展，稳定当地企业经济发展。税收政策是指政府通过税制、税率、税收优惠政策等宏观经济政策安排，实现社会公平与经济发展的政策。税收政策既可以利用税收对社会行为进行调整，也可以在税收优惠政策下，鼓励企业和个人发挥其生产和消费的潜力，从而促进经济发展。一方面，税收政策可以调节公司的盈利和消费行为。例如，鼓励企业投资资产，降低所得税税率，提高企业利润。同时，鼓励居民消费、通过税收体系优化增值税税率，降低零售物价，鼓励消费增长。通过调节企业和个人税收，国家能够对其进行有效的财政监管和经济调控，使经济发展的成果更为平衡。另一方面，税收政策也能够鼓励产业发展，促进经济增长。例如，税收优惠政策可引导企业选择高附加值、生产效率高和创新能力强的产业方向。同时，对于重要及前沿产业，政府可以采取税收政策激励措施，以吸引和促进产业发展。通过这种方式，产业的潜能被释放，为经济的可持续发展提供了良好的保障。

四、税收对医疗服务提供者和消费者的影响

税收政策在医疗资源配置中发挥着重要作用。通过税收政策的调节和引导，政府可以影响医疗资源的配置和利用，提高医疗服务的效率和质量，保障人民的健康和福祉。税收政策可以通过税收激励和约束来引导医疗资源的合理配置。政府可以通过对医疗机构和医疗从业人员的税收优惠和减免，鼓励其增加医疗服务的供给，提高医疗服务的质量和可及性，促进医疗资源的均衡配置和充分利用。同时，政府还可以通过税收约束和惩罚来限制医疗资源的过度使用和浪费，防止医疗资源的不当配置和滥用，保障医疗资源的有效利用和公平分配。税收政策可以通过税收收入的调配来支持医疗资源的配置和发展。政府可以将税收收入用于医疗保障体系的建设和发展，加强基层医疗服务网络的建设，提高医疗服务的普及和覆盖范围，优化医疗资源的配置结构，满足人民群众日益增长的医疗需求，保障人民的健康权益。税收政策还可以通过税收调节和监管来规范医疗市场的秩序，防止医疗资源的恶性竞争和不当行为，维护医疗服务的公平性和质量安全。政府可以通过税收监管和执法，打击医疗领域的违法违规行为，保障医疗服务的正常秩序和人民的健康权益。税收政策在医疗资源配置中发挥着重要作用，可以通过税收激励和约束、税收收入的调配、税收调节和监管等方式，引导医疗资源的合理配置和有效利用，提高医疗服务的效率和质量，保障人民的健康和福祉。通过对市场经济条件下会计与税收在财政管理服务中的应用的论述，可以深刻认识到会计与税收在财政管理服务中的重要性。由于本研究分别对市场经济条件会计在财政管理服务中的应用和市场经济条件下税收在财政管理服务中的应用进行分析和研究，从中可以看出。会计和税收在财政管理服务中的应用是不会发生冲突的，而且是各有特点、相互补充、相辅相成，共同发挥其在财政管理服务中的作用。所以，在市场经济条件下，将会计与税收的职能充分应用到财政管理服务中是十分必要的。

五、税收在医疗保障改革中的角色

税收政策在医疗保障体系的可持续发展中扮演着重要角色。通过税收政策的设计和实施，政府可以促进医疗保障体系的健康发展，确保医疗服务的持续供给和质量提升，以满足人民群众日益增长的医疗需求，保障人民的健康权益。税收政策可以通过税收收入的调配来支持医疗保障体系的建设和发展。政府可以将税收收入用于医疗保障基金的筹资，加强医疗保障体系的建设和完善，提高医疗服务的普及和质量水平，增强医疗保障体系的可持续性和稳定性。税收政策可以通过税收优惠和减免来支持医疗保障体系的发展和运营。政府可以对医疗保障机构和医疗从业人员的税收给予一定的优

惠和减免，降低其经营成本，增加医疗服务的供给，提高医疗保障体系的覆盖率和保障水平。税收政策还可以通过税收调节和监管来规范医疗市场的秩序，防止医疗资源的恶性竞争和不当行为，维护医疗服务的公平性和质量安全。政府可以通过税收监管和执法，打击医疗领域的违法违规行为，保障医疗服务的正常秩序和人民的健康权益。税收政策在医疗保障体系的可持续发展中发挥着至关重要的作用，可以通过税收收入的调配、税收优惠和减免、税收调节和监管等方式，支持医疗保障体系的建设和发展，确保医疗服务的持续供给和质量提升，保障人民的健康和福祉。会计的考核与评价职能在财政管理服务中的应用。会计的考核与评价职能是对单位资金运用的合理性、合规性、有效性进行的考核和评价。目的是提高资金的使用效益和社会效益，进而合理配置资源，优化支出结构，规范资金使用。本着科学、规范、有效的原则，单位财政管理部门根据单位的实际经营情况，对单位的资金运用情况进行考核、对比，对资金使用不合理及产生效益不匹配的资金着重分析、考核，找出问题根结，为以后改进工作提供帮助。在财务管理服务过程中，对单位会计工作进行严格考核，对各项财务报表进行认真记录、分析，将单位所有的财务事项进行仔细调查，最后通过审计审核，使得单位的财政管理水平得到有效的提高。由此可见，会计在财政管理服务中有效地发挥其考核与评价职能，可以使会计在财政管理服务中发挥更大的作用。通过对市场经济条件下会计在财政管理服务中应用的分析，可以深刻认识到会计在财政管理服务中的重要性。会计在财政管理服务过程中有效地发挥其控制、协调、管理、服务提供信息等职能，可以有效提高会计在财政管理服务中的应用。市场经济条件下税收在财政管理服务中的应用随着中国市场经济的快速发展，税收对国家经济发展具有重要作用。当然，在市场经济条件下税收在单位财政管理服务中的作用不能忽视，单位通过有效地发挥税收的职能可以提高财政管理的水平。重要职能，在财政管理服务中具有重要作用。由于税收是财政的有机组成部分，在财政分配关系中具有相对独立性。税收在财政管理服务中可以根据单位的财政收支情况，对单位的财政收支进行有效的调节。税收本身就具有无偿性、固定性和强制性的特点。在财政管理服务中能够起到稳定财政收支的作用。单位可以充分将税收的统筹财政收入的职能应用到财政管理服务中，增强单位对收入的管理，保证单位收支平衡。所以，在市场经济条件下，税收统筹财政收入的职能广泛地应用到财政管理服务中，可以增强税收在财务管理服务中的作用。税收的宏观调控职能在财政管理服务中的应用。在市场经济条件下，税收在财政管理服务中应该发挥其宏观调控的职能。单位通过在财政管理服务中应用税收的宏观调控职能，可以对单位的财务收支情况、资金运转情况、经营情况、投资情况、固定资产以及日常花费情况进行事先核算，通过对单位财务情况的综合分析，从而对资金使用进行科学的统筹调节。合理地运用税收的宏观调控手段，有利于单位合理地聚集资金和分配资金，并且能够制定出合理的财政规划，提高财政管理水平。总而言之，在市场经济条件下，单位在财政管理服务中合理地应用税收宏观调控的职能，不但能够提高税收在财政管理服务中的水平，而且能够提升单位的财政管理水平和宏观调控能力。通过对市场经济条件下税收在财政管理服务中应用的分析，可以充分认识到税收在单位财政管理服务中的重要性。在财政管理服务中应用税收的职能，充分发挥税收在财政管理服务中的作用，对单位的财务管理至关重要。

第四节　教育投资与税收政策

一、教育投资对社会经济发展的重要性

当谈及教育投资对社会经济发展的重要性时，我们可以深入思考教育对个人、社会和国家的综合影响。教育是一种长期投资，它不仅提高了个人的技能和知识水平，也增强了他们的就业竞争力和创造力。通过受教育者的个人成长和发展，整个劳动力市场的质量也得到提升，从而推动了生产率的提高和经济的增长。教育还可以促进社会的稳定和发展。受教育程度较高的个体往往更具有社会责任感和公民意识，能够更好地融入社会并参与公共事务。教育还有助于培养人们的创新能力和思维方式，推动科技进步和社会变革。在国家层面上，教育被认为是一个国家的软实力和竞争力的重要组成部分。一个受过良好教育的人口能够为国家的发展提供更多的智力支持和技术创新，促进国家的经济竞争力和文化软实力的提升。教育投资不仅是个人行为，也是一个国家的战略选择，是推动社会经济发展和提升国家竞争力的关键因素之一。财政管理是单位在管理中的重要内容，是不能忽视的。随着中国特色社会主义市场经济的快速发展、市场竞争的日益激烈，单位应该加强财政管理，以促进单位的协调稳定发展。尤其是在市场经济条件下，在财政管理中会计与税收的应用是必不可少的。本文就针对市场经济条件下会计与税收在财政管理服务中的应用进行浅显的分析与研究。随着中国特色社会主义经济的快速发展、改革开放程度的不断加深，在市场经济激烈竞争的环境中，会计与税收在财政管理服务中的应用更加广泛，会计与税收的职能在财政管理服务中的作用更加明显。市场经济条件下会计在财政管理服务中的应用随着中国市场经济的快速发展，会计在单位财政管理服务中的作用越来越重要。做好会计工作不仅有助于加强单位的各项核算，而且有助于提高单位的财政管理。单位应该重视会计在财政管理服务中的应用。会计的控制与协调职能在财政管理服务中的应用。随着中国特色社会主义市场经济体系的不断完善、社会环境的不断变化，尤其在市场经济

条件下，单位在财政管理服务中应该加强会计的控制和协调职能，以更好地实现财政管理。会计控制主要根据会计原始资料，对单位的经营项目按照相关的原则，运用专门的方法，对资料进行测算、监督和指导的过程。会计控制的最终目的是降低单位的经营成本，提高单位的经济效益。会计协调就是对单位的财务经营情况进行准确的核算，合理地分配资金，对资金的运用进行有效的协调。通过会计在财政管理服务过程中充分地发挥控制与协调职能，可以对单位经营管理活动中的财政预算、决策、成本和资金等进行有效控制。例如，会计可以对财政预算进行前馈控制，对资金的使用进行现场控制，对资金结构进行反馈控制等。会计在财政管理服务过程中通过充分发挥其控制与协调职能可以对单位的财政管理起到前瞻性和指导性的作用。会计的管理与服务职能在财政管理服务中的应用。在市场经济前提条件下，会计在财政管理服务过程中应该充分发挥管理与服务职能，以便更好地完成财务工作。会计在财政管理服务过程中，应该按照会计法律法规和资金管理规定进行财务管理。会计能够灵活地根据相关法律法规科学地制定资金运转方案，并且能够充分地利用现代化财务管理手段，加强对财务的管理，促进资金的良性循环。会计在财政管理服务过程中发挥服务职能，可以通过对内部员工、外部机构的服务规划和单位的日常财务运营活动，根据具体的情况制定相应的应对措施。为单位的投资和决策提供依据。在市场经济条件下会计在财政管理服务过程中发挥充分其管理与服务职能，对其更好地进行财政管理服务具有重要作用。会计的信息职能在财政管理服务中的应用。会计作为一项信息系统，最终目标就是将单位的财务数据通过严密的会计核算程序和科学的核算方法为单位的财务决策和财政管理提供帮助。会计在财政管理服务过程中具有信息提供和披露功能。会计的信息服务职能使财务信息资源得到有效的利用，可以为单位提供广泛的、有用的、及时的会计信息资源。在财务管理中提供会计信息服务，使管理者能够通过会计信息资源合理地管理单位，特别是加强财政的管理。所以，市场经济条件下在财政管理服务过程中充分发挥其信息服务的功能，增强会计在财政管理服务中的作用尤为重要。会计的预测和参与决策职能在财政管理服务中的应用。在市场经济条件下会计在财政管理服务过程中应该充分发挥其预测和参与决策的职能。在财政管理服务过程中通过对单位的资金使用情况和运营情况进行准确预测，使管理者能够清楚地了解单位的经济实力，并且能够对单位的资金进行科学的分配。会计不仅在财政管理应用中发挥预测功能，与此同时它还发挥着参与决策的职能。通过对财务数据的预算、核算，以及对财务报表的报送分析为管理决策提供有力帮助。会计工作在单位决策过程中扮演着参谋和助手的角色，它为单位的管理决策提供财务、投资等方面有效的资料来源、这为单位的成功决策起到指导和促进作用。所以，在市场经济条件下，会计的预测和参与决策的职能在财政管理服务中得到有效的发挥，可以提高会计在财政管理服务中的工作质量。

二、税收政策在教育投资中的作用与意义

税收政策在教育投资中扮演着重要角色，它可以通过多种方式影响教育资源的配置和利用，从而对教育系统的质量和效率产生深远的影响。税收政策可以通过税收收入的分配和再分配，直接影响政府在教育领域的投入水平。政府通过税收的征收和支出来提供教育服务和资源，包括学校基础设施建设、教育人员培训和薪酬支出等。税收政策的合理调整和配置，可以保障教育领域的公平和效率，确保每个人都能够获得良好的教育资源和服务。税收政策还可以通过税收优惠和激励措施，促进私人部门对教育的投资和参与。例如，税收减免、税收抵免和税收优惠等政策可以鼓励企业和个人增加对教育的捐赠和支持，从而扩大教育资源的来源和规模。税收政策还可以通过对教育行业的税收优惠和税收调节，引导教育资源向社会需求和发展方向倾斜，提高教育系统的质量和适应性。综上所述，税收政策在教育投资中发挥着不可替代的作用，通过税收的合理调控和配置，可以促进教育资源的公平分配和高效利用，推动教育事业的发展和进步。加大处罚力度，同时对税务机关的自由裁量权在制度上做出限制。从本文分析我们看出，处罚力度越大，纳税人偷税成本就越高，敢"以身试法"的人就越少，"杀一儆百"的极大威慑便是明证。根据国家税务总局税收系统工程课题组关于税收博弈的实验研究显示，惩罚率对实验者的偷逃税决策影响显著：若把税收检查概率置于 0.3 的水平，当惩罚率从 0.1 提高到 0.5 时，平均遵从成本从 0.226 提高到 0.528，进一步将惩罚率提高到 2.5 时，平均遵从率则达到 0.802。可见极富威慑力的惩罚对纳税服从的影响十分显著。不少国家对偷逃税惩处十分严厉，如德国规定，偷逃税行为要受到双重处罚，在对公司或合伙组织处以罚款的同时，公司的负责人也要被罚款；我国台湾规定，营业人如借口给予优惠价而不诚实开立发票，除应补税外，并处 1~10 倍的罚款。税收征收管理办法规定了处罚上限和下限，然而给予税务机关的自由裁量权过大。实际工作中，由于各种原因，税务机关的处罚标准一般较低，达不到应有的惩戒作用，同时，诚实纳税人有可能因为税务机关对违法行为的处罚难以令其信服而加入偷税者行列。有必要对税务机关的自由裁量权在制度上作出限制，该制度的制定应以检查面为主要参考要素。由 $\lambda *=(P+T)/(F+T)$ 可知：$F/T=(1-\lambda *)/\lambda *$（暂不考虑 P），在检查面 $\lambda *$ 既定的情况下，处罚程度不应低于 $(1-\lambda *)/\lambda *$ 倍。比如计划全年检查面是 40%，那么除依法追缴税款和滞纳金外，罚款数额不能低于 1.5 倍。一旦税务机关严格按照规定查处，并向社会公开，对理性的纳税人应该会达到较为理想的震慑效果。严格执行处罚制度，使税收处罚成为可置信威胁纳税人是否依法纳税在一定程度上取决于政府对不依法纳税是否给予处罚。给定政府事先

颁布的各种税收制度和稽查概率，理性纳税人不会选择偷逃税，而是依法纳税。但是，如果税务机关不是有效实施对税收违法行为的处罚，使税收处罚成为可置信威胁，那么，纳税人支付水平将会发生改变，从而改变纳税人的策略选择。虽然近年来税制征管法治化受到前所未有的重视，各基层税务机关在这方面已有很大改善，但在对待偷逃税行为时，"以情代罚""以补代罚""以罚代刑"现象极为普遍，严重影响了税收执法的严肃性。为有效征管，在对待偷逃税的问题上，应严格按照税收征管法的要求，处罚率应达到100%。提高税务稽查效能。一要扩大稽查队伍规模，在征、管、查三类税务人员中，稽查人员数量应不低于税务总人数的20%，只有这样，才能确保最低水平的检查面（16.7%）；逐步建立选案、检查、审理、执行四个环节相分离的制约机制，在选案中逐步实现从人工选案到计算机选案的过渡，同时，积极探索稽查工作的新方法，提高稽查的针对性和准确性，如建立稽查选案积分制、税务稽查预警机制、税务案件公示制等；加强稽查人员培训，提高稽查人员业务素质和政治素质水平，减少税收成本，降低纳税人的偷税概率。有关资料显示，发展中国家的税收成本大大高于发达国家，如1996年美国的征收成本率为0.6%，日本为0.8%，加拿大为1.6%，而中国为4.73%。自1998年加大征收力度、强化税收执法以来，征收成本有所上升。减少税收成本，降低纳税人偷税概率，要努力提高纳税服务质量，切实为纳税人提供优质服务；二要加强税收征管的信息化建设，不断完善"金税工程"，充分发挥计算机系统对税源的监控作用；三是要加大税法宣传力度，提高公民依法纳税意识，税法宣传不仅局限于税收政策法规的公布和解释，而且其内涵和外延非常丰富，如对依法纳税的纳税人给予表彰奖励，而对偷、逃、骗税情况的纳税人给予曝光，以示奖惩分明，对国家财政支出应尽量公布公开，使纳税人清楚了解自己所纳税款的真正用途，以增加纳税人主动纳税的积极性。设计合理的税制结构。实证分析表明，高税负使纳税人偷逃税的概率增大。无论是商品税还是所得税，在税基广泛的基础上普遍实行低税率，在税制设计中坚持"宽税基、低税率、少减免、严征管"，不仅有利于形成税收"激励相容约束"，鼓励纳税人诚实纳税，而且有利于鼓励投资、刺激经济增长。轻税与重罚相结合，应该成为我国新一轮税制改革中着力解决的问题。

三、税收优惠对教育投资的影响与激励

税收政策对教育资源的分配和利用方式产生直接影响，它通过税收收入来源和分配，以及税收支出的方式和方向，决定了政府在教育领域的投入和资源配置。税收政策直接影响政府的教育支出规模和结构。政府通过征收各种税收，如所得税、消费税等，筹集教育经费并分配到各级政府和不同教育领域，包括基础教育、高等教育、职业教

育等。税收政策的变化和调整可能导致教育经费的增减，进而影响到教育资源的分配和利用。税收政策还可以通过税收优惠和激励措施，引导个人和企业对教育的投资和捐赠。政府可以通过给予捐赠者税收减免或抵免等优惠政策，鼓励他们增加对教育事业的支持和参与，扩大教育资源的来源和规模。此外，税收政策还可以通过对教育行业的税收优惠和调节，引导教育资源向社会需求和发展方向倾斜，提高教育系统的质量和效益。税收政策对教育资源的分配和利用方式产生深远影响，通过合理的税收政策调控和配置，可以促进教育资源的公平分配和高效利用，推动教育事业的发展和进步。

四、教育投资与税收政策的协调与整合

税收政策可以通过对教育机构和个体的激励机制，影响其在教育领域的行为和决策。针对教育机构，税收政策可以通过税收优惠和激励措施，鼓励其提高教育质量和效率。政府可以给予教育机构税收减免或抵免等优惠政策，作为对其提供高质量教育服务的奖励，从而促使其加大对教育的投入和改善教育质量。对于个体，税收政策可以通过税收优惠和激励措施，鼓励其增加对教育的投资和支出。政府可以给予个体在教育方面的支出税收减免或抵免等优惠政策，以激励他们增加对教育的投入，提高自身的教育水平和技能素养。税收政策还可以通过税收优惠和激励措施，鼓励企业和个人参与教育捐赠和赞助活动，为教育事业提供更多的资源和支持。综上所述，税收政策对教育机构和个体的激励机制起着重要作用，通过合理的税收政策调控和配置，可以促进教育质量的提升和教育事业的发展。虽然我国确立"以纳税申报和优化服务为基础，以计算机网络为依托，集中征收，重点稽查"为建设目标的新的征管模式，由于各种原因，特别是税务稽查专业化程度不高，税务稽查人员占全部税务人员比例过低（不到10%，远低于美国的35%）。税务检查概率低，无法落实税务稽查制度关于"平均三年必须对纳税人至少检查一次"的规定，不少地方检查概率甚至小于17%，"重点稽查"似乎有名无实。在税务稽查的实际操作过程中，对于具有偷漏行为的纳税人，有相当大一部分并未完全按照《税收征收管理法》的规定予以处罚，仅仅追回了税款，此时，$F=0$，$\lambda*=1$，而税务机关的稽查概率不可能达到100%，这种情况产生的直接后果是：纳税人将百分之百地选择偷税。更为严重的是，由于税务人员业务水平、道德素质等诸方面的原因，甚至存在连偷漏税款都无法追回的现象。这样不仅为纳税人下一次偷税行为提供滋生的温床，而且打击了依法纳税者的积极性，其示范效应使偷税者队伍不断扩大，国家税收征管难度不断增大。T对纳税人策略的影响。由 $\theta*=C/(F+T)$ 和 F 与 T 的线性关系（不妨设 $F=kT$）可得 $\theta*=C/T(1+k)$。显然，税额 T 越大，纳税人偷税概率越小，反之，则越大。也就是说，大企业偷税的

可能性小，小企业偷税的可能性大。这有一定的现象解释力，如我国小规模纳税人，一方面由于税务所税务人员在征管水平、软硬件设施、信息化建设等方面都不如税务分局，客观上容易造成漏征漏管现象；另一方面，小规模纳税人会计核算水平低，一般不能提供准确的纳税资料，税务机关一般采用定额征收方式，即使税务稽查，也只停留在依据纳税人购买并开具的发票所对应的应纳税额。绝大部分小规模纳税人千方百计通过少开、不开发票的方式偷逃税款。在现实生活中，情况也不完全相符，其原因是，如果取消假定"只要税务机关进行稽查，纳税人偷税行为就会发现"，比如大企业由于业务复杂，有专门的税务顾问或财会顾问，可能会有更好的办法隐瞒应税收入或应税行为，而税务稽查人员业务素质不高，从而使偷税行为更难发现；或者检查成本 C 与应纳税款有关，应纳税款越多，检查成本越高；或者应纳税款越多的纳税人可能更有积极性贿赂税务人员等，在这些情况下，就可能会有不同结果。C 和 P 对纳税人纳税策略的影响。由 $\lambda^* = (P + T) / (F + T)$，$\theta^* = C / (F + T)$ 式可知，P、C 的减少可以降低 λ^* 和 θ^* 值，从而降低纳税人偷税概率。P 值的降低，减少了纳税人当期额外成本（除税金以外的成本），增加了纳税人当期收益，实质上是降低了税收负担，可以证明，税收负担与偷逃税呈正相关关系，税收负担越重，纳税人偷逃税概率越大，反之则越小，降低 P 值有利于减少偷税概率；降低稽查成本 C，增加了税务机关稽查收益和减少了税务机关不稽查收益，使税务机关在稽查和不稽查两种纯策略之间成本差异缩小，极端地，如果 $C = 0$，税务机关在稽查和不稽查之间没有成本差别，税务机关可以对纳税人进行百分之百的稽查，从而纳税人偷税概率为零。也正因为税收成本的制约，大部分税务机关一直存在着"重大户、轻小户"这样错误的征管观念，使得个体私营经济的税收流失严重。

五、税收政策的可持续性与教育体系发展

税收政策在教育投资中也会影响到资源的效率配置和公平分配。税收政策对教育资源的分配和利用方式直接影响教育投资的效率。通过税收收入的分配和再分配，政府可以调控教育经费的规模和结构，以实现教育资源的合理配置和有效利用。税收政策的公平性对教育投资也具有重要影响。合理的税收政策可以通过税收调节和再分配，实现教育资源的公平分配，保障每个人都能够享有公平的教育机会和资源，缩小教育资源的差距，提高教育公平性。税收政策还可以通过对教育行业的税收优惠和调节，引导教育资源向贫困地区和弱势群体倾斜，加强对教育公平的保障和支持。税收政策对教育投资的效率和公平具有重要影响，通过合理的税收政策设计和调控，可以促进教育资源的高效配置和公平分配，推动教育事业的全面发展。税务机关的纯策略选择

是稽查或不稽查，纳税人的纯策略选择是偷税或不偷税，在以上假定的基础上，该博弈为非协调博弈，不存在纯策略均衡，其均衡只能以混合策略均衡存在。设 θ 为纳税人偷税概率，λ 为税务机关稽查概率，以此来求解该博弈的混合策略均衡。在混合策略均衡中，参与人在纯策略之间是无差异的，即支付均等，π 纳税人（偷税）$=\pi$ 纳税人（不偷税），π 税务机关（稽查）$=\pi$ 税务机关（不稽查）。即

$$\pi \text{ 纳税人（偷税）} = -\lambda \times F + (1-\lambda) \times T$$

$$= -\lambda \times P - (1-\lambda) \times P = \pi \text{ 纳税人（不偷税）}$$

$$\pi \text{ 税务机关（稽查）} = \theta \times (F+T-C) + (1-\theta) \times (-C)$$

$$= \theta \times 0 + (1-\theta) \times 0 = \pi \text{ 税务机关（不稽查）}$$

可解出混合策略均衡是 $\lambda^* = (P+T)/(F+T)$，$\theta^* = C/(F+T)$ 1、纳税人是否依法纳税取决于税务机关稽查概率与均衡时稽查概率 $\lambda^* = (P+T)/(F+T)$ 的大小。当税务机关稽查概率大于 λ^* 时，π 纳税人（偷税）$<\pi$ 纳税人（不偷税），纳税人选择"不偷税"（依法纳税）；税务机关稽查概率小于 λ^* 时，π 纳税人（偷税）$>\pi$ 纳税人（不偷税），纳税人选择"偷税"；税务机关稽查概率等于 λ^* 时，π 纳税人（偷税）$=\pi$ 纳税人（不偷税），纳税人在两个纯策略"偷税"和"不偷税"之间无差异。由此我们可以计算纳税人的偷税概率区域和不偷税概率区域。特别地，当 $\lambda = 0$（即税务机关完全不稽查）时，纳税人最优选择是偷税；随着 λ 的不断增大，纳税人选择"偷税"策略概率逐渐减少，当 $\lambda^* = 1$（即税务机关对全体纳税人百分之百进行稽查）时，全体纳税人将选择不偷税。值得注意的是，上述分析是对于纳税人整体而言的，对于单个纳税人，情形却不一样。由于该稽查博弈的行动集是离散的，纯策略均衡又不存在，因此唯一折中的办法是有时选择稽查，有时选择不稽查，即选择混合策略，但对于纳税人总体来说，税务机关稽查概率为 λ^* 时达到均衡，此时单个纳税人选择偷税和不偷税并无差异。F 对纳税人策略的影响。F 对纳税人策略的影响表现为对 λ 和 θ 的影响，F 越大，混合策略均衡 λ^*、θ^* 值越小，即惩罚越严厉，纳税人偷税概率和税务机关稽查概率就会越低。因为偷税收益没有增加，而 F 的增加增大了纳税人偷税行为被查处后的损失，从而降低了其期望收益，税务机关预期纳税人不敢偷税，进行稽查的概率也降低了。只要税务机关依法加强惩处，博弈均衡是朝着帕累托改进运动的。极端地，当 $F \to \infty$ 时，$\lambda^* = \theta^* = 0$ 时，"油锅"合同极大地增大了纳税人偷税的成本，此时，纳税人选择"偷税"策略的概率将趋向于无穷小。在各国税法中，F 一般与所偷漏税款呈线性关系。我国税收征收管理办法第63条规定，"……对纳税人偷税的，由税务机关追缴不缴或少缴的税款、滞纳金，并处以不缴或者少缴的税款百分之五十以上五倍以下的罚款；构成犯罪的，……" $0.5T \leq F \leq 5T$，如果不考虑纳税人纳税成本 P，则 $\lambda^* = T/(F+T)$，此时，

当 $F = 0.5T$ 时，$\lambda* = T / (F + T) = T / (0.5T + T) = 0.67$

当 $F = 5T$ 时，$\lambda* = T / (F + T) = T / (5T + T) = 0.17$

就我国来说，税务稽查机关的稽查概率与纳税人策略选择存在以下对应关系。显然，纳税人策略选择依存于稽查概率，只要税务稽查概率低于 17%，纳税人将选择偷税。税务稽查作为国家强制纳税人依法纳税的最后一道保障程序，其制度设计、制度实施和队伍建设必须相互联系，并与我国当前税务管理能力相适应。制度合理是前提，严格实施和队伍建设是保证。

第八章　财政税收的未来趋势与挑战

第一节　数字经济下的税收挑战

一、数字经济的特点与影响

随着数字技术的快速发展，数字经济已成为全球经济的重要组成部分。数字经济具有高度信息化、网络化、创新性和全球化等特点，对传统税收制度和征管模式提出了全新挑战。数字经济的跨境性和虚拟性使得跨国企业可以通过数字平台在全球范围内开展业务活动，挑战了传统税收边界和征管能力。数字经济的创新性和快速变革性导致传统税收法律和政策滞后于实际需求，难以有效监管和征收数字经济活动所产生的税收。数字经济的高度信息化和数据驱动性对税收征管提出了更高要求，需要加强对数据隐私和信息安全的保护，同时提升税务部门的信息技术能力和数据分析能力。数字经济的特点对传统税收体系提出了全新挑战，需要及时调整税收政策和征管模式，以适应数字经济发展的需要。税收公平原则通常指纳税人的法律地位必须平等，税收负担在纳税人之间进行公平分配；税收效率原则指税收活动要有利于经济效率的提高。他们是各个时期众多国家所确认的税法基本原则。由于在不同社会形态或处于同一社会形态的不同国家间对于"公平"的理解和实现之标准有所不同，对税收效率与公平原则的态度不同，与之相联系的税收制度也不尽相同。本研究重点放在人们对税收效率与公平原则的理解方面，从纳税意识入手对税收公平原则进行论证；用图示法对税收效率进行分析论证。税收征管博弈基本特征为信息不对称，税务机关难以全面了解纳税人的真实情况（尤其是在自主申报纳税情况下）。根据信息不对称理论，税务机关对纳税人应采取必要措施进行参与约束和激励相容约束，从而鼓励纳税人依法纳税。对偷税行为依法严惩，可以同时起到参与约束和激励相容约束两方面的作用：一方面使得纳税人依法纳税期望效用大于偷税期望效用（π 依法纳税 $> \pi$ 偷税）；另一方面对偷税行为的严厉惩处就是对依法纳税的鼓励。税务机关对纳税人纳税行为的监督即税务稽查在税务管理中是非常重要的。假设税务稽查机关决定是否对某一特定税收收入进行稽查以验证纳税人是否依法纳税，税务机关的目标是以最小成本来防止或查出偷税行为，纳税人只有在其不会被查出时才想偷税。为分析方便，笔者设纳税人偷漏税款为 T，偷漏税款行为一经发现而被罚款金额为 F，税务机关进行检查成本为 C，纳税人纳税成本为 P；并作如下假定：（1）只要税务机关进行检查，纳税人偷税行为就会被发现；（2）$F+T>C$，$T>P$。在此基础上，笔者将以上信息模型化为一个 $2×2$ 的同时行动博弈。

二、税收监管与跨境数字经济

随着数字经济的快速发展，跨境数字经济活动日益频繁，给传统税收监管带来了新的挑战。跨境数字经济的特点是虚拟性和无国界性，使得企业可以轻松通过数字平台在全球范围内进行业务活动，但同时也为税收监管带来了诸多困难。传统的国际税收法律和规则难以适应跨境数字经济的复杂性和快速变化，税收征管难以有效监管跨境数字经济活动所带来的税收收入。数字经济中存在的利润转移和避税行为也增加了跨国企业在税收征管中的挑战，使得国家间的税收竞争日益激烈。为应对跨境数字经济对税收监管的挑战，各国需要加强国际合作，共同制定适应数字经济时代的国际税收规则和标准，建立跨国税收信息交换机制，加强税收数据共享与合作，以提高对跨境数字经济的监管能力和有效性。还需要加强税收征管的信息化建设和技术应用，提升税务机关的数据分析和风险识别能力，加大对税收逃避和避税行为的打击力度，保障税收的公平与公正。税收公平原则就是指政府征税要使各个纳税人承受的负担与其经济状况相适应，并使各个纳税人之间的负担水平保持均衡。税收公平原则是设计和实施税收制度的最重要或首要的原则。早在 300 多年前，英国古典政治经济学的创始人威廉·配第（1623—1687 年）就提出税收的公平原则。在他看来，税收要对任何人、任何东西"无所偏袒"。在当代西方经济学家的眼中，公平则包括两方面的含义：一是经济能力或者纳税能力相同的人应当缴纳相同数额的税收；二是经济能力或者纳税能力不同的人应缴纳不同数额的税收，通常又叫作税收的"横向公平"和"纵向公平"。由此观之，公平是基于纳税人的实际纳税能力和纳税条件而言的，税收负担要和纳税人的经济能力和纳税能力相适应，而不能简单地看纳税的数额。例如，一个贫苦的农民缴纳 100 元的税和一个亿万富翁缴纳 10000 元的税比较，前者的数额显然明显少于后者，但是实际的税收负担要比后者重得多。亚当·斯密（1723—1790 年）在其《国富论》中也对税收的公平原则作出以下解释：一国国民，都须在可能的范围内，按照各自能力的比例，即按照各自国家的保护下享得的收入比例，缴纳国富，维持政府。

博弈论又称对策论，起源于 20 世纪 40 年代，主要研究行为相互影响的决策主体的策略选择。税务机关作为征税主体，在依法征税的前提下，追求税收收入最大化；纳税人作为纳税主体，追求自身利益最大化。双方各自依据对方策略，做出最大化自己利益的策略选择，从而形成税收征纳博弈关系。笔者通过特定博弈模型，结合我国当前税务稽查存在问题，来分析说明影响纳税人依法纳税的主要因素。

三、数据隐私与税收征管挑战

在数字经济时代，大量的个人和企业数据被用于商业活动和交易，这给税收征管带来了新的挑战，特别是涉及数据隐私和信息安全的问题。税收征管需要收集、存储和处理大量的数据来监控税务合规情况和进行税收征收工作，隐私保护法律和规定的出台，使得税务机关在处理纳税人数据时面临更加严格的限制和监管。数据泄露和信息安全问题也日益成为数字经济中的一个重要挑战，税收征管部门需要加强数据安全管理和风险防范，防止个人和企业敏感信息的泄露和滥用。此外，数据跨境流动和云计算技术的发展也增加了税收征管的复杂性，需要加强国际合作和信息交流，共同应对数据隐私和信息安全的挑战，构建安全可靠的全球数字经济生态系统。数据隐私和信息安全问题对税收征管提出了新的挑战，税务机关需要加强技术应用和管理，提高数据安全保护水平，保障纳税人的数据隐私和信息安全。税收征管是税务管理工作的中心环节，其基本目标是使税款做到应征尽征。由于各种原因，税收流失似乎是各个国家无法避免的管理难题。近几年来，我国税收征管工作的改革，尤其是"金税工程"的实施，对于促进税收征管工作的法治化和信息化，防止和查处偷逃税款，减少税收流失，增加财政收入，发挥了至关重要的作用。有学者分析认为，加强税收征管是我国自 2000 年以来税收收入超常规增长的重要原因。如 1998 年其对税收增长的贡献率高达 51.4%；2004 年查补税款 330 多亿元，清理各种欠税、缓税近 400 亿元，直接拉动税收收入增长 3 个百分点以上。目前我国税收征管中仍存在不少问题，主要表现在税收征管法治化不强，执法随意性较大；纳税人纳税意识比较淡薄；税务管理基础工作薄弱等，导致偷漏税现象比较普遍，税收流失严重。堵塞征管漏洞、减少税收流失，一直是政府关注的问题，也是不少学者探讨的热点。下面笔者试用博弈论来分析我国税收征管问题。

四、税收政策的数字化转型

随着数字经济的快速发展，传统的税收政策和征管模式已经无法满足数字经济时代的需求，需要进行数字化转型以适应新的税收环境。数字化转型包括税收政策的数字化制定、税收征管的数字化管理和税收服务的数字化提升等方面。税收政策的数字化制定意味着利用大数据和人工智能等技术手段对税收政策进行精细化和个性化制定，根据企业和个人的实际情况量身定制税收政策，提高税收政策的针对性和有效性。税收征管的数字化管理包括建设智能税务系统、推动电子发票和电子申报等措施，实现税收数据的实时监测和全面管理，提高税收征管的效率和精度。税收服务的数字化提升意味着通过互联网和移动端等渠道提供更加便捷和高效的税收服务，提高纳税人的满意度和税收遵从性。数字化转型对税收政策和征管机构提出了新的要求，需要加强信息技术的应用和管理，提高数据安全和信息保护水平，推动税收政策和征管模式的创新和升级，以适应数字经济时代的新要求和挑战。

五、创新税收模式应对数字经济的挑战

随着数字经济的全球化和跨境活动的增加，国际税收合作和规范变得愈发重要。面对数字经济带来的税收挑战，各国之间需要加强合作，共同制定适应数字经济时代的国际税收规则和标准，建立跨国税收信息交换机制，加强税收数据共享与合作，以提高对跨境数字经济的监管能力和有效性。还需要加强国际税收规范和协调，打击跨国企业的利润转移和避税行为，减少跨国税收竞争，建立公平和可持续的全球税收体系。国际税收合作和规范不仅有助于解决数字经济时代的税收挑战，还有助于促进国际经济的稳定和可持续发展，实现全球税收治理的目标。社会保障制度是社会的"稳定器"，是市场经济正常运行的重要外部条件。但是，目前我国社会保障支出还很不充足，资金不到位，社会保障制度还远未真正建立，尤其是农村除养老保险和医疗保险只在很小范围进行改革试点外，其他项目几乎没有涉及。这使得企业破产、兼并、改组等必然涉及下岗职工的生活保障。医疗保障和农民工进城务工等问题无法得到真正解决，一定程度上延缓了我国的市场化进程。加强财政支出管理，建立合理的支出管理体系，财政支出管理体系的改革和完善是我国建立公共财政体制的关键环节之一，要以提高财政资金的使用效益为最终目标，建立与市场经济相适应的预算管理体系，实现财政支出管理模式的创新。推进公共支出预算管理的制度创新，合理界定政府公共预算支出的内容和范围，推行以部门预算为基础的综合预算形式，加强预算制度的规范化把预算内和预算外两部分结合起来，建立统一的预算管理体系，从而合理配置资源，实现社会的公共需要；改变公共支出供给的方式，广泛推进政府采购制度，加大政府采购的工作力度，以节约资金、防止腐败问题的产生；改革财政资金的缴拨方式，实行国库单一账户制度，消除分散收付所带来的对财政资金的截留、挤占、挪用等问题，改进支出管理；实行预算编制、执行以及监督三者分开的现代化管理模式。加强财政

支出监督，确保资金使用效益财政支出监督由于长期不受重视，导致监督乏力。法规制度不健全，制约了监督职能的发挥。目前我国还没有一部财政监督专门法律或行政法规，有关法律中对财政监督规定不够具体，而且正面规范行为的规定多，违反规定的处罚措施少；应急的临时规定多，注重长效治本的规定少；一般性的规定多，具体可操作性的程序性规定少，这在客观上制约了财政支出监督工作的开展。另外，预算管理的方式不科学，导致了预算监督乏力。在财政支出预算管理中，财政部门往往只注重支出预算的编制、下达，而忽视了对预算执行情况的监督；对预算执行情况往往只注重量的核对，而忽视质的分析。加快相关配套改革，净化外部环境财政支出是国家生活中的重要组成部分，必须和其他相关方面同步进行，才能取得良好效果。当前，主要应加快国有企业和国有资产管理体制改革步伐及社会保障体制的改革，这样才能切实减轻国家的财政负担，为财政支出规模的下降和支出结构的优化创造良好的条件；要深化医疗、住房、公车制度改革，重新核定机关人员的办公经费标准，切实地减少攀比浪费财政资金的现象；要加快金融体制的改革，使金融能承受更大压力，避免金融风险转化为财政风险，冲击财政支出改革。另外，金融运行良好也可以为财政方面提供支持；要加快新一轮税制改革，完善增值税、消费税，统一内外资企业所得税，统一城乡税制，为财政支出改革提供支持。

第二节　跨国公司税收问题与对策

一、税收规避与避税手段分析

在全球化背景下，跨国公司往往会利用国际税收规则的复杂性和各国税收政策的差异性，通过一系列合法手段最大限度地减少其纳税义务，从而实现利润最大化的目标。这种行为被称为税收规避或避税。税收规避并非非法行为，而是指企业利用各国税法的漏洞或优惠条款，以合法的方式来最大化地减少其应缴纳的税款。这种行为在某种程度上可以被视为跨国公司对自身利益的合理维护，但也可能导致税收收入的流失，对各国的财政稳定和社会公平构成挑战。税收规避和避税手段多种多样，主要包括利用税收优惠、转移定价、设立海外子公司、设立离岸公司以及避税筹划等方式。这些手段使得跨国公司能够有效地降低其纳税负担，但也导致了国际税收秩序的失衡和税收公平的问题。为了解决跨国公司税收问题，国际社会需要加强合作，加强税收透明度和信息交换，制定更加严格的国际税收规则和标准，以确保税收的公平和合理性。经济建设投资弱化，尤其是基础性建设投资不够，削弱了我国的宏观调控力度。有资料表明，经济建设支出占财政支出总额的比重在近20年下降了近20个百分点。尽管财政投资性支出有其合理因素，但下降速度如此之快，幅度如此之大，在很大程度上制约了财政对重点产业、基础设施的支持力度。而在当前西部的一些基础设施和基础产业、东北老工业基地的振兴，以及一些大型骨干项目工程的建设都是与国家财政的支持分不开的。自从80年代以来，我国预算内教育支出逐年逐步增长，但若以教育支出占GDP比重衡量，我国财政对教育的投入仍相当低，不仅低于世界平均水平，甚至低于发展中国家的平均水平，在教育投入中，尤其是农村义务教育投入严重不足。长期以来，我国政府间教育投入大致格局是：中央和省级的教育投入主要用于高等教育，基础教育投入的职责主要由基层政府承担，特别是农村基础教育投入主要由县乡政府承担。中央和省级政府对义务教育只承担补助贫困地区和少数民族地区的责任，而相当一部分县乡政府财力薄弱，基本上是"吃饭"财政，这在客观上迟滞了农村教育的发展。近年来，由于"三农"问题日益引起了有关部门的重视，财政支农支出日益加大，但是财政支农资金总量不足的问题仍没有从根本上改变。就总体来说，国家财政支农支出仍然不足。而且，财政支出结构也不合理，制约了支农资金效益的发挥。例如，财政支农资金中，用于人员供养和行政开支部分占一半以上，而建设性支出比重并不高。财政建设性资金中，用于大中型水利基础设施的比重大约占70%，而农民可以直接受益的中小型基础设施比重较小。

二、跨国公司利润转移问题解析

跨国公司通过转移定价策略来最大程度地调整其在不同国家的利润分配，从而实现税收优化的目的。这种策略涉及将商品、服务、技术、知识产权等在跨国子公司之间进行内部交易，以确定合理的价格。通常情况下，跨国公司倾向于在高税率国家将利润减少，而在低税率国家增加利润。这样一来，公司可以有效地将其利润转移至税率较低的地区，从而减少其整体纳税义务。虽然这种做法在合理范围内是合法的，但一些跨国公司可能会滥用这种策略，通过不当设置价格来规避纳税义务，导致税收收入的损失和税基的侵蚀。国际社会需要加强对转移定价行为的监管，制定更加严格的准则和标准，以确保其公平性和合理性。按照市场经济的要求和建立健全公共财政体制，重新界定和明确财政支出的范围。当前我国的财政支出仍面临支出增长过快和支出不足并存的两难困境。当前财政供给范围不清晰，仍存在"缺位"与"越位"现象。在市场经济条件下，市场是资源配置的主体，政府、财政只能是配角。相应地，财政要体现政府在市场经济条件下的作用范围和方向，逐步退出应由市场配置资源的经营性和竞争性领域，将财政支出转向"公共性"，以此依据确立支出格局，矫正"缺位"

与"越位"，实现财政归位。统筹规划，优化财政支出结构。当前，财政支出结构远未达到优化，不仅财政支出各部分的比重不太合理，而且具体到某个项目上，其内部结构也不太合理，使有限的财力也不能用到节骨眼上。

三、国际税收规则的差异与影响

跨国公司常常通过在税率较低或免税的国家设立海外子公司的方式来进行税收规避。这些子公司通常被用作存放资金、进行投资或进行跨境交易的平台。通过将利润转移至这些低税率地区的子公司，跨国公司可以有效降低其整体纳税义务。一些国家还提供各种优惠政策，鼓励跨国公司将业务扩展到其境内，从而进一步降低其纳税负担。尽管这种做法在一定程度上是合法的，但过度使用此类策略可能导致税收收入的流失和税基的侵蚀。国际社会需要采取措施来监管和规范跨国公司在海外设立子公司的行为，以确保其合法性和公平性。我国财政支出结构的不合理具体表现在以下几个方面：一是经济建设支出比重偏高。大量的经济建设支出，有效增加了社会总需求，提高了中国的基础设施水平，促进了经济的高速发展。经过多年增长，经济建设支出表现出了投资过度的倾向；二是国家财政投资支出不断下降，政府调控经济的能力日趋削弱。财政投资比重的急速下降致使政府调控经济的能力逐渐削弱，无力增加对经济发展必需的基础设施、城市维护和企业改造的投入。三是财政补贴支出负担日益沉重。我国的财政补贴由价格补贴和企业亏损补贴两大类组成。目前，由于价格改革和国有企业改革的深入，一部分农副产品和日用工业品已由市场调节，财政补贴数额有所减少，但财政补贴占财政支出的比重仍然不低。四是行政管理费支出不断增长，已大量挤占急需的公共支出项目。在政府财政支出总量占国民收入比重不断下降的情况下，包括公检法支出在内的行政管理费支出占国民收入的比重却不断增长。这给日后控制财政支出增长带来了非常棘手的问题；五是财政对农业的支出比重下降，制约了农业产业化的发展。农业是国民经济和社会发展的基础，当前我国农业正进入向产业化发展的重要阶段，急需加大财政投资力度。但是，近些年来，我国财政的农业支出占总支出的比重却连年下降，农业发展的后劲严重不足；六是福利保障性支出明显不足，已在一定程度上延缓了我国市场化改革进程。计划经济体制下，我国一直由"企业办社会"，财政支出中没有真正意义上的社会保障支出，与之接近的抚恤救济支出占财政总支出的比重也很低，社会保障支出不到位已经制约了我国市场化改革的进程。我国财政支出运行效率低下，机制不健全。长期以来，我国并没有建立一套相对完整的财政支出效率评价指标体系和方法，对财政资金的使用过程及其效果缺乏必要的监督，对财政支出的失败也缺乏责任追究制度，财政支出决策缺乏科学的论证和规范的程序，导致财政资金的严重浪费，资金紧张和资金浪费并存的怪现象经常发生。我国财政支出管理方法存在的问题表现在：（1）支出预算编制粗化。我国目前的支出预算，编制前缺乏必要的论证过程，对预算科目是否保留、结构是否合理、单位人员经费和公用经费是否有压缩的可能、单位之间是否平衡，都缺乏必要的量化分析和科学论证。（2）支出预算约束软化。有的地方不按法定程序，随意追加支出预算。由于缺乏强有力的控制和监督，缺乏透明度，容易滋生权钱交易、贪污受贿、损公肥私等腐败现象，不利于廉政建设。

四、针对跨国公司税收问题的国际合作机制

跨国公司还常常通过在离岸金融中心设立离岸公司来实现税收规避。这些离岸公司通常位于税率低或免税的国家或地区，其主要功能是用作资金管理、资产保护和税收优惠的平台。通过将利润转移至这些离岸公司，并在国内业务中将成本和费用最大化，跨国公司可以有效地减少其应缴纳的税款。尽管这种行为在某些情况下是合法的，但一些跨国公司可能会滥用这一手段，通过不当手段将资金转移至离岸公司，以规避纳税义务，从而导致税收收入的流失和税基的侵蚀。国际社会需要采取措施来监管和规范跨国公司在离岸金融中心设立离岸公司的行为，以确保其合法性和公平性。财政支出需求压力大规模膨胀。当前我国的财政支出仍面临支出增长过快和支出不足并存的两难困境。一方面，由于财政包揽过多的问题没有解决，特别是随着经济发展财政支出刚性需求的不断增长，导致财政支出规模急剧膨胀；另一方面，一些必要的财政支出项目却无法得到保证，财政支出占 GDP 的比重有逐年下降的趋势，不仅大大低于发达国家水平，而且低于一些发展中国家水平。政府职能缺位与越位同时存在。市场经济条件下，由于市场的固有缺陷，政府来干预和调控经济是必需的，但市场是资源配置的主体，政府、财政只能是配角。目前政府职能范围调整尚未到位。政府职能越位表现在：过多参与私人产品的生产和提供，影响了市场机制的发挥，造成政企不分、政资不分。国有企业经济效益难以提高，财政支出严重越位，即支出范围过宽，包括了许多既包不了又搞不好的事务，如经营性投资支出，各种补贴性支出过滥，各类事业费庞杂，财政供养人员过多、负担过重等，这既挤占了稀缺的财政资源，分散了财力，又不利于推进经济体制的转轨，同时也造成了某些财政支出项目效益低下。政府职能缺位表现在：宏观调控能力不足，包括财政政策、货币政策在内的一系列政策手段还不够完善；财政支出方面过于分散，支出重点不明确，使得在应由财政供给的市场失灵的领域出现了保障不足或无力保障的情况，如对社会保障的支持不足，对某些社会文教、公益事业的保障乏力，对某些基础设施和某些公共设施建设的投入不足等。

这不仅弱化政府宏观调控的职能和力度，而且不利于市场经济体制的建立，并在一定程度上扰乱了国民经济的正常分配秩序。

五、国际社会应对跨国公司税收问题的应对策略

跨国公司常常利用税收协定和双边协议来最大限度地减少其纳税义务。这些协定通常由两个或多个国家签订，旨在规定跨国公司在这些国家之间的纳税规则和程序。通过巧妙利用这些协定中的条款和规定，跨国公司可以有效规避双重征税，将利润转移至较低税率的国家或地区，从而减少其整体纳税负担。一些跨国公司可能会滥用这些协定，通过不当手段来规避其纳税义务，导致税收收入的流失和税基的侵蚀。国际社会需要加强对税收协定和双边协议的监管和管理，制定更加严格的规则和标准，以确保其合法性和公平性。财政支出作为政府分配的重要组成部分，是政府实施财政政策，用来调控宏观经济运行的重要工具，正确的财政支出结构是调节经济与社会发展和优化经济结构的强大杠杆。公共财政是指在市场经济条件下，主要为满足社会公共需要而进行的政府收支活动模式或财政运行机制模式，是国家以社会和经济管理者的身份参与社会分配，并将收入用于政府的公共活动支出，为社会提供公共产品和公共服务，以充分保证国家机器正常运转，保障国家安全，维护社会秩序，实现经济社会的协调发展。公共财产的基本功能是满足社会公共需要、法制规范和宏观调控。近年来，随着分税制的深入，各级政府着眼于转变政府职能，提高服务水平，大力推动财力向民生倾斜，体现了财政的公共、公平和公益性质，然而在财政支出结构上却依然存在一些问题。

第三节　财政政策的未来发展方向

一、可持续发展与绿色财政政策

随着全球对环境可持续性和气候变化的关注日益增加，未来财政政策将更加重视可持续发展和环境保护。绿色财政政策将成为各国政府的重要方向之一，旨在通过调整税收政策和财政支出，促进低碳经济的发展，降低碳排放和资源消耗，推动可持续发展目标的实现。这可能包括通过提高环境税收和碳排放税等手段来惩罚高碳行业，同时通过提供税收优惠和财政激励来鼓励绿色技术和可再生能源的发展。政府还可能采取一系列措施来促进可持续城市规划、可再生能源发展、环境基础设施建设等，以

推动经济向更加环保、可持续的方向转型。这一趋势也将在国际上得到加强，各国可能加强合作，制定共同的环境标准和税收政策，共同应对全球环境挑战。公款购买香烟、高档酒和礼品，超标准使用和豪华装修办公室，使用公款和利用机关影响购置、搜罗奇花异石和高档艺术品装饰办公区域……此类现象屡见不鲜，虽然因此饱受诟病，但却似乎很少上升到反腐倡廉的高度。

公款浪费以及由此衍生的职务侵占，被人习惯性称为"不落腰包的腐败"，正因为"不落腰包"，因此很容易被公众忽视、容忍和谅解。这种行为不仅使公共财产和公众利益遭受损失，而且严重损害党和政府的形象及威信。更为重要的是，如此奢靡之风显然与当前大力倡导的节约型社会背道而驰——建设节约型社会，就必须建设节约型政府。节约型政府不仅是政府自身良好形象的一种体现，也对社会起到一种积极的示范意义，从而引领社会风气，加快建设节约型社会的进程。

从某种意义上说，一个廉洁高效的政府必先是一个"廉价政府"。任何浪费都因人而产生，浪费者所掌握的公共资源越多，其所造就的浪费也可能越大。杜绝奢靡浪费，建设节约型政府，需要从约束公权力着手。在逐步完善相关监督和问责机制之后，不仅政府部门内部的浪费可以得到遏制，对于其他各行各业所存在的浪费都有积极的借鉴意义。节约型政府的另一重意义在于，此举将有利于不断深化行政体制改革。与公款浪费、豪华办公室等"显性浪费"相比，政府部门之间的职能重复或越位所造成的"隐性浪费"同样不容忽视。管理体制性的节俭就是最大的节俭，建立廉价的节约型政府，必然意味着从"部门行政"向"公共行政"转型，由此需要政府部门大力推进管理创新、转变政府职能、降低行政成本，从而实现"廉价政府"的制度保证。

当前政府转型的目标是建立公共服务型政府，由此意味着政府与公民之间服务与被服务的关系——政府提供公共服务，公民依法缴纳税收。从这种角度来看，政府节约与否不仅体现出对资源的态度，而且直接反映出对待纳税人的尊重与否。建设节约型政府，不仅可以有效降低能耗，而且体现出对纳税人的税金以及蕴涵于其中的劳动价值的尊重。立足反腐倡廉的高度，杜绝细微之处的跑冒滴漏，其积极意义并不在于单纯的厉行节约，更是体现出了一种以人为本的价值理念，由此打造的节约型政府，在有效降低公共服务成本的同时，还将有助于不断提升其自身的服务质量。在追求服务成本最小化的同时，实现公共服务最大化，这本身就是建立公共服务型政府的题中之义。

毋庸赘言，反腐倡廉是一项长期而艰巨的任务，在实际操作中，反腐败不仅需要统筹布局"大处着眼"，也离不开防微杜渐"小处着手"，如此才能构筑起强大的反腐制度体系，真正实现温家宝同志所说的"创造条件让人民批评和监督政府"。我国自改革开放以来，经济有了突飞猛进的发展，但是与经济的发展相对应，人民却没能充分享受到的经济发展的成果，生活水平的提高与经济发展速度不相适应。由此反映出我国财政支出还存在着很多问题，比如财政支出需求压力大规模膨胀、政府职能缺位与越位同时存在、结构不合理效率低下、财政支出管理方法落后等，这些都在一定程度上影响了我国社会主义现代化建设的健康快速发展，解决财政支出中存在的问题对于中国社会的发展至关重要。本研究针对我国财政支出存在的这些问题进行了分析并提出了相应的改革建议。

二、数字化转型与智能化财政管理

未来财政政策的发展方向之一是数字化转型和智能化财政管理的推动。随着科技的迅速发展和数字化经济的崛起，政府部门将积极采用新技术和数字化工具来提高财政管理的效率和透明度。这包括建立智能化税收征收系统，利用大数据和人工智能技术来优化税收管理和风险评估，提高税收征收的准确性和效率。同时，政府还可能推动数字支付和电子政务的发展，以便更便捷地收取税款和管理财政事务。数字化转型还将有助于加强财政监管和反腐败措施，提高政府对财政支出的监督和管理。未来，随着新技术的不断发展和应用，数字化转型将成为财政管理的重要趋势，为提高政府治理能力和服务水平提供新的机遇和挑战。以法治腐，制定出一套规范政府行为以及对政府官员腐败行为惩处的法律法规，已是当今国外预防、惩治腐败的最有效的武器。除加强廉政立法、完善廉政法规外，许多国家和地区逐步形成多层次、多方面、交叉严密的监督网络体系。

1. 制定专门的廉政法律，即专门规定公职人员保持廉洁的行为准则和惩治腐败行为的法律。如美国的《文官行为守则》《廉政法》；英国有《反腐败法》；瑞典有《反行贿受贿法》；印度有《反贪污法》；新加坡有《防止贪污法》。另外，一些国家还制订了规范政府官员一般行为的《政府官员行为道德法》。

2. 为了监督各种各样法律法规的执行，各个国家和地区普遍设立各种司法机构，建立健全监督、督促法律、法规严格执行的各种制度，基本形成一个较为严密的法律监控体系。例如芬兰、丹麦等北欧国家，除司法机构外，还建立了监察专员制度。

3. 欧、美等发达资本主义国家都是法制比较完备的国家，对于公共权力的行使基本上形成了一个监控系统。美国是实行三权分立、制衡制最为典型的资产阶级民主国家；法国政府在近几年决定扩大审计院对地方财政的司法监督权，制止了腐败部分的根源。

4. 在德国，党派的制约、无孔不入的新闻记者以及大众的眼睛，构成了一张严密的"社会监视网"。越是位高权重的人，就越是容易成为"众矢之的"，稍有不轨行为，就可能公之于众。很多官员的腐败行为并没有触犯刑律，但很快就被舆论遏制在萌芽状态。近几年，德国揭露出许多政府要人和高级公职人员以权谋私的丑闻，其中有前经济部长、交通部长、冶金公会主席以及一些州长。

三、社会公平与包容性财政政策

未来的财政政策将更加关注社会公平和包容性，致力于减小贫富差距、促进社会公正和人民福祉。政府可能会通过调整税收政策和财政支出，采取更多措施来保障弱势群体的利益，包括提高对低收入家庭和中小企业的支持力度，加强社会保障和福利体系的建设，以及推动教育、医疗和住房等公共服务的普惠化。此外，政府还可能采取措施来加强收入再分配，减少社会贫困和不平等现象，提高社会稳定性和可持续发展性。这一方向也将在国际上得到加强，各国可能加强合作，分享社会公平和包容性政策的经验和最佳实践，共同应对全球社会问题和挑战。

四、国际合作与全球税收治理

未来的财政政策将更加强调国际合作和全球税收治理，以应对跨国公司税收逃避、税基侵蚀等问题。各国可能会加强税收信息交换和合作，制定更加统一和有效的国际税收规则，防止企业通过跨境转移利润和避税手段来规避税收。同时，政府还可能加强对国际税收机构的参与和支持，积极推动国际税收合作的发展，促进全球税收治理的规范化和有效性。这一方向将有助于提高全球税收制度的公平性和透明度，促进全球经济的健康发展和可持续增长。纳税，即税收中的纳税人的执行过程，就是根据国家各种税法的规定，按照一定的比率，把集体或个人收入的一部分缴纳给国家。唐杜荀鹤《山中寡妇》诗："桑柘废来犹纳税，田园荒后尚征苗。"宋苏轼《吴中田妇叹》诗："卖牛纳税拆屋炊，虑浅不及明年饥。"杨振声《渔家》："这渔旗子税总是要纳的，难道你说没有饭吃，就不纳税了吗？"由此可见，税收具有强制性、无偿性和固定性的特征，既然是取之于民，用之于民，个人对此关系的理解更趋向于刘光溪教授的纳税投资论。

"从纳税投资论的角度而言，纳税人以税收的形式投资于政府是为了获得公共产品，实现自身福利的最大化。"纳税人需要有一个高效的政府来确保纳税投资论的实行，高效的政府必然是一个廉洁的政府，其实政府也会出现失灵、失效的状况，在不适当的制度机制背景下，它会制造丑恶和腐败。而政府与政府官员的腐败必然导致政府运行成本的恶性扩大，因为腐败是一种带有高福利成本的武断性税收，增加了纳税人的额外负担，降低了政府在契约实施产权保护方面的基本功能。只有一个廉洁政府，才能得到纳税人的支持与信任；只有一个廉洁的政府，才能真正将纳税人的投资利益作为指针与归宿，才能实现纳税人福利最大化的目标。

五、创新与透明度：未来财政政策的关键趋势

未来的财政政策将更加注重可持续发展和绿色经济，通过税收政策引导企业和个人采取环保和可持续发展的行动。政府可能会采取措施鼓励环保投资和创新，提供税收优惠和激励措施，推动绿色技术和清洁能源的发展和应用。同时，政府还可能加强对碳排放和资源消耗的监管，实施环境税收和排放交易等政策，促进资源的有效利用和环境保护。这一方向将有助于推动经济转型，实现经济增长与环境保护的协调发展，为未来的可持续发展打下坚实基础。税收筹划要求企业具备成熟的财务会计制度，具备全面、扎实的税务知识与事务处理能力。税务筹划要求企业拥有规范的财务管理和会计分析能力，以及一支业务精专、能力突出的税务处理团队。同时，税务筹划必将不断促进财务人员加强对税务法律、法规和财务会计知识的学习，不断更新其知识结构，从而实现财务会计人员综合素质的不断提升。递延纳税是企业税收筹划的一项重要内容，是指根据税法的规定将应纳税款推迟一定时期后再缴纳。企业可通过递延纳税的方式，有效获取资金的时间价值。递延纳税虽然不能减少企业应纳税额，但通过延迟缴纳税款可以使企业无偿使用该笔款项，相当于政府给企业提供了一笔无息贷款。企业可利用该笔资金解决资金周转困难，或进行再投资。企业为享受税收优惠政策，根据国家制定的产业政策进行投资，开展经营活动。这在客观上使得企业符合产业发展规律，逐步使企业走上产业结构优化、生产力布局合理的道路，使得企业将生产资源配置到全要素生产效率更高、能源消耗更低的新型产品生产中，为企业未来发展做出了合理的规划与配置，无形中提升了企业的核心竞争力。企业作为市场经济纳税主体，一方面应承担依法纳税的应尽义务；另一方面也应积极维护自身税收权益，合理规避不必要的纳税。由于纳税主体与税务机关存在一定的信息不对称，倘若任由税务机关以征代纳，必然导致税务机关滋生惰性，导致税务征收质量的低下，同时也让企业难以实施税收筹划。企业应从依法治税的角度，积极争取自身权益，对权利与权利失衡进行纠正，从而为企业税收筹划提供良好的外部实施环境。

第四节　税收政策的可持续性与创新

一、税收政策的可持续性分析

当前税收政策的可持续性，包括税收收入的稳定性、税基的广泛性、税收制度的

公平性等方面。我们将考虑税收政策对财政稳定和经济发展的长期影响，评估税收政策是否能够持续满足社会需求，并提出可能存在的问题和挑战。同时，我们也将探讨如何通过改革和创新税收制度，提高税收政策的可持续性，以适应未来经济和社会的发展需求。根据财政政策调节经济周期的作用，财政政策可分为自动稳定的财政政策和相机抉择的财政政策。一些可以根据情况自动发生的经济波动不需要外包稳定政策是自动稳定政策。它可以直接经济状况的波动来产生调控作用。如税收和政府支出都是自动稳定政策。与自动稳定政策刚好相反，相机抉择的财政政策则需要通过外部经济力量。根据财政政策在国民经济方面的不同的功能，财政政策可以分为扩张性政策、紧缩性政策。扩张性财政政策，是指主要是通过增加财政赤字，如减税、增支，以增加社会总需求。相反，紧缩性财政政策，是指主要通过增税、减支进而减少赤字或增加盈余的财政分配方式，减少社会总需求。税收工具，税收作为国家主要的收入政策工具，具有强制性、无偿性等特征，因此也成为实施财政政策目标的一个重要手段。公债工具，所谓的公债也是债券的一种，它的发行主体是国家或政府。作为发行主体，国家或政府以其信用为基础，向国内外举借债务来取得的收入。经常项目支出工具，主要指政府对社会公共的支出，购买性支出和转移性支出是其主要部分。购买性支出，包括商品和劳务的购买，转移性支出包括社会福利支出和政府补贴。经过以上的分析，税收在财政政策中占有举足轻重的地位，无论是在扩张性财政政策还是在紧张性财政政策中都有着很大的调节作用，税收作为财政收入的一部分，不仅是国家财政收支的基本来源和保证，也是政府执行社会职能的主要手段，它更是国家参与国民收入分配最主要、最规范的形式，不仅为社会公共产品与服务提供财力支持，也是国家进行宏观调控的重要经济杠杆。税收在财政政策中的主要意义有以下几点：第一，税收可以调节社会总供给与总需求的平衡关系，从而稳定物价、促进经济平衡发展。第二，税收可以调节产业结构，优化资源配置，促进经济增长。第三，税收可以调节收入，实现公平分配。在宏观调控方面，税收是一种自动稳定政策，在税收体系，特别是企业所得税和个人所得税，反应相当敏感的经济活动水平的变化。举例来说，如果政府预算平衡，税率无变化，经济低迷，国民产出将减少，税收收入会自动下降。税收乘数的大小与财政政策的大小有很大的关系，税收乘数表明的是税收的变动（包括税率、税收收入的变动）对国民产出（GNP）的影响程度。其中 b 为边际消费倾向。税收乘数为负，税收和国家输出增加或减少为相反的方向；政府增税时，国民产出减少，减少量为税收增量的 b/（1−b）倍。假定边际消费倾向 b 为 0.8，则税收乘数为 −4。可见，如果政府采取了减税的政策，虽然可以减少收入，但将成倍提高社会有效需求，有利于民营经济的发展。

二、创新税收制度与机制设计

探讨如何通过创新税收制度和机制设计，提高税收政策的灵活性和适应性。我们将讨论采用新的税收模式和工具，如数字化税务管理系统、税收智能化技术等，以提高税收征管效率和降低税收成本。我们还将考虑如何设计更加灵活和多样化的税收政策，以应对不同行业和企业的需求，促进经济的创新和发展。我们将探讨如何加强税收政策的监督和评估机制，确保税收制度的稳定性和公平性。当前，我国依然处于社会主义初级阶段，财政管理不完善之处还有很多，财政积极政策的运作需要财政管理要相应跟上，要从现在运用并着眼于中长期发展的角度出发，全力推进财政管理的改革。深入改革财政预算管理，完善预算运行机制。当前财政的预算管理还存在一些漏洞，有些甚至影响着财政改革的进一步深入；实施反周期运作同时建立宏观调控预算制度；在公共财政框架的建设，建立综合运行机制积极财政政策；同步的财政改革，利用财政政策的综合效应；当期积极的财政政策适当运用，同时要适度采用紧缩性政策。财政政策，包括货币政策，是国家实行宏观调控的重要手段，主要作用就是消除经济发展中的不健康、不确定因素。弥补市场的不足之处。财政政策的宏观调控关键是要审时度势、相机抉择，这样才能实现国民经济的快速增长。

三、数字化税务管理与技术创新

讨论数字化税务管理在税收政策中的应用和作用。我们将探讨数字技术如何改变税收征管和管理方式，提高税收征收的效率和准确性。我们将介绍现代化税务管理系统的特点和优势，包括电子申报、在线缴税、智能税务咨询等功能。我们也将讨论数字化税务管理带来的挑战和问题，如信息安全、隐私保护等方面的考量，并提出相应的解决方案。我们将展望数字化税务管理的未来发展趋势，探讨如何进一步推动税收政策的数字化转型，以适应数字经济时代的需求。财政管理在现代社会中越来越受到重视，那么财政管理作为财政实现其职能的重要形式，与经济到底有什么样的关系呢？从财政与经济的关系出发，提出了加强财政管理对经济的作用与影响，提出经济与财政是不可分割的组成部分，也为以后财政管理的进一步发展提出了建议。财政管理是政府为了实现其职能，运用一定手段，对财政活动的全过程进行决策、计划、组织、协调和监督。财政管理的职能主要有以下五种：决策。即财政管理主体对于财政活动所采纳方案的选择，一般原则是采用最优方案，在没有最优方案的前提下选择次优。计划。即制定并实施计划。组织。即为了保证决策和计划的有效执行而进行的组织活动。协调。即财政管理主体对于财政活动的各种关系之间的矛盾进行协调，包括政府和纳税人之间的矛盾，政府之间的矛盾等。监督。即检查监控财政活动的全过程。财政管理为了实现其职能，要运用经济、行政、法律手段。明确了财政管理的范围就是政府的经济活动以后，我们就可以更清晰地分析财政管理与经济的关系。在我国确立以市场经济作为经济运行方式的整个过程中，我国的经济学理论引进和借鉴了许多西方经济学中关于市场机制运行分析的理论。在非市场主体更加具有独立的经济地位和经济效益以后，他们必然会从经济上对政府的管理活动形成制约，提出要求。他们会问：政府为什么要征税？要征多少税？征的税是怎么用的？总之，人们会越来越要求政府的管理活动要讲求经济效益。这就对财政管理提出了效益管理的要求，认为财政的管理要注重过程的管理，要注重运用经济分析的方法。一定时期、一定条件下的财政管理，是由一国的经济体制，特别是财政体制的属性和宏观经济运行、管理模式所决定的，并与之相适应。认清了财政管理与经济的关系，可以帮助我们克服片面追求经济增长，忽视经济效率和效益，不计投入产出效应的粗放型增长方式；可以帮助我们改正以往那些用计划代替管理，用增长代替质量，只知道用投入去追求产出，不讲成本与效益分析，忽视财政监督等旧的观念。加强财政管理，是完善社会主义市场经济体制，特别是财税管理体制及其运行机制的内在要求。因此，随着计划经济体制向社会主义市场经济体制的过渡，以及宏观经济配置管理方式的根本性转换，必须对财税新体制和新运行机制下的财政管理提出全新的要求，财政管理从内容到形式，都应发生明显变化。加强财政管理，是充分履行财政职能的必要保证。目前，市场经济条件下的财政职能范围，得到不断拓展，其职能强度也有日渐增大之势。然而，理论和世界各国的实践，都无可辩驳地证明，除体制和制度等因素的羁绊外，财政职能的履行程度与财政管理状况的好坏，呈正相关关系。在财政管理十分混乱的情况下，国家的财政职能不可能得以正常有效履行。

四、社会经济变革下的税收政策调整

讨论在社会经济变革的背景下，税收政策需要进行的调整和改革。我们将分析当前社会经济形势下税收政策所面临的挑战和问题，包括人口结构变化、产业结构调整、新兴经济形态的出现等方面。我们将探讨如何通过调整税收政策来适应这些变化，促进经济的稳定增长和社会的可持续发展。我们将介绍可能的税收政策调整方向，如优化税收结构、完善税收优惠政策、加强税收征管等，以应对社会经济变革带来的挑战，并实现税收政策的长期可持续性。认识财政管理与经济的关系，可以转变政府职能，改变目前我国财政供给范围过宽、包揽过多等突出问题，改造财政支出。在清理、明确各级财政事权范围的同时，将那些财政部门不该管、管不了或者管不好的微观经济活动及相关事宜，那些可以由市场机制去解决的问题，逐步从财政管理的供给范围中剥离出去，把有限的财力，放在市场经济条件下政府职能能有效执行的方面。财政管理与经济的关系还表现在进行财政决策、计划、组织、协调的过程中，必须将财政作为一种经济活动去看待。只有这样，才能将各种宏观的分析方法运用其中，从经济运行状态的要求出发，正确确定政府活动的范围和内容，根据经济发展周期和经济增长的相关理论，为政府的宏观调控提供依据和方法。只有这样，才能将政府作为一个经济行为主体纳入财政学研究中，运用经济分析的方法去分析政府的动机和行为实现方式，从而为从制度上去克服政府的官僚倾向，控制政府支出规模，建立一个更加有效的政府提供经济理论上的依据。也只有这样，才能在财政管理中更多地运用微观的分析方法和管理方法，去提高财政支出的使用效率，提高财政活动的管理水平。税收筹划是指企业在遵守国家法律、法规与管理条例的前提下，以实现合理节税、降低企业税负为目的，在企业的筹资、投资和经营活动中进行合理的安排，对其经济活动进行统筹策划以实现企业价值的最大化，该类行为一般具有目的性、专业性、前瞻性。就本质而言，税收筹划是企业财务管理的一部分，是一种企业理财行为。如何在有效控制税务风险的前提下，更加合理、有效地进行税收筹划也是企业财务管理的重要内容。对于企业而言，税收筹划能够有效降低税务负担，改善企业经营效果，扩大企业税后利润。"税务管理"是基于税收筹划衍生出来的一个全新概念，是指企业在税法允许的范围内，根据自身的战略目标与经营情况，在有效控制涉税风险的前提下实现企业税务成本的最小化。税务管理的主要内容为税收筹划和风险控制，相对税收筹划，企业税务管理是一个更加系统的管理过程，更加注重纳税的整个环节以及全过程的风险控制，实现税收成本与风险的平衡。随着市场经济规模的不断扩大，政府部门为满足不断扩张的社会公共服务需求，势必将加大税收力度。企业是以实现其收益最大化为经营目标，通过合法、有效的税收筹划能够规避纳税义务之外的税务成本，扩大其税后利润。目前企业税收成本主要体现在两个方面：税收实体成本，主要包括企业应缴纳的各项税金；税收处罚成本，主要是指因企业纳税行为不当造成的税收滞纳金和罚款。通过科学、合理的税收筹划能够降低或节约企业的税收实体成本，避免税收处罚成本。税收筹划对企业合理规避税务成本的作用主要体现在企业筹资、投资、经营过程中。企业在筹资过程中，通过分析其资本结构对企业预期收益和税负的影响，选择合适的融资渠道，实现企业税负的有效控制、所有者权益的最大化。如企业通过借款融入资金时存在"税盾效应"，即企业融资过程中产生的利息支出可作为费用列支，并允许企业在计算其所得额时予以扣减，然而企业的股利支付却不能作为费用列支。企业可通过借入资金实现降低税负的目的。企业可以通过计算、比较借入资金的利息支出与因借入资金实现的税负降低额的大小，选择适合自身的融资渠道。企业在投资过程中，通过选择符合国家产业政策的投资方向、享受税收优惠的投资地点、享受免税或税收抵减的投资方式，实现企业税负的减少。在投资方向选择方面，政府出于优化国家产业结构的目的，对符合国家产业政策和经济发展计划的投资项目，给予一定程度的税收减免或优惠。企业选择投资项目时，可充分利用该类优惠政策，享受更多的税收优惠；在投资地点的选择方面，国家出于调整生产力战略布局的目的，会对不同地区制定不同的税收政策，如对保税区、经济特区、贫困地区等制定的税收优惠政策，企业可通过选择注册地享受该类优惠政策；在投资方式选择方面，企业可选择享受税收优惠政策的投资方式。如企业可通过选择购买国债等享受免缴所得税。企业在经营过程中，通过对存货、固定资产折旧、费用分摊、坏账处理等进行会计处理，在不同会计年度实现不同的企业所得额，从而实现企业应缴税款的递延，提高了企业资金使用效率。如企业在进行存货计价时，在符合当前税法规定和会计制度的前提下，使发货成本最大化，从而使得企业账面利润减少；采用加速折旧法，加大当期折旧金额；采用最有利的坏账核算办法，降低企业所得额等。

五、可持续发展目标下的税收政策创新

探讨如何通过创新税收政策来促进可持续发展目标的实现。我们将讨论税收政策在推动经济、社会和环境可持续发展方面的作用和影响。我们将介绍国际社会对可持续发展的共识和目标，以及税收政策在实现这些目标中的作用。我们将探讨如何通过调整税收政策来促进资源的有效利用、环境的保护、社会的公平和经济的稳定增长，以实现可持续发展目标。我们将讨论税收政策创新的路径和策略，包括加强国际合作、推动法律法规的完善、加强税收管理能力等，以实现可持续发展目标下的税收政策创新。说起财政，它有着悠久的历史，是伴随着国家的产生而产生的，财政是经济学中必不可少的一部分。财政，顾名思义，也就是国家财政部门，它的作用主要是从地方或中央收集金钱或者物质来保证人民生活安居乐业的一种物质支持。财政作为经济领域一种必不可少的事物，能够满足国民的公共支出，进而使经济达到平稳运行、公平正义，资源配置达到优化，经济运行能力提高。财政税收政策不合理，目前来看，我国的税收政策还是有一定的缺陷的。虽然我国一直针对税收体系和政策在做调整，但是由于长期的税收制度不合理，税收政策很难实施，使得我国财政税收极其不合理。国家目前一直在针对财政税收做出调整，但即使有好的效果，对于中小型企业来说，税收有时候确实会在经济上造成一定的负担，因为一般来说，只有 27% 和 18% 这两种税率，主要是这两种税率还是针对大型企业的，所以中小型企业负担起来就会有些吃力。我国财政税收的政策目前看来绝大部分是为强大的国有企业服务的，财政税收力度过大，

使得只有生命力强、资金雄厚的企业才能承担得起这一挑战。在政策极其不合理下，企业的发展势必举步维艰。我们想要保证税收资金充足有活力，就要改财政税收的现状，这离不开对政策的大力改进。税收收入是一个国家经济收入的主要来源，是国家的经济命脉，直接关系到国家和企业发展的方向。但是这种情况严重地影响国家经济的发展。中小企业的竞争力小，再加上税收制度的限制和制约，这就严重影响了中小型企业的发展。有关税收政策的天平明显偏向对中小企业不利，这样既不利于财政的收入，也使得中小企业发展举步维艰，更加不利于税收的征收，使得税收形式出现不利的形态。财政税收政策目前处于初级水平，在很大程度上，国家没能完善其政策法规，使得在财政税收上出现很多漏洞，严重制约财政的征收。随着时代的发展，我国的经济建设取得了一定的成就，但是仍然存在许多不完善的地方，其中的一个问题则是财政税收管理体系不科学，而这种不完善的管理体系严重阻碍了企业经济的发展。政府税收管理部门在现代企业税收管理中发挥着重要的作用，国家相关部门在制定相应的税收制度时，面临着很大的阻碍，这也会给企业的正常运营造成一定的负面影响。再者，财政税收管理体系的改进现在到了改革的深水区，体系方面很难再继续改进，使得管理体系停在原地，不能继续向前发展，严重阻碍了经济的发展和财政的征收力度。加强对财政税收管理体系进行科学管理规划，是我们当前需要做的一个重要项目。企业的财务管理与税收征收的目标基本一致，现代企业财务管理的主要目标就是通过采用适当的方法和手段，使企业在最小的投入下，获得最大的收益。而通过进行税收筹划，则可以对企业财务管理工作的开展产生极大的促进作用，对于企业财务管理目标的实现意义重大。企业在纳税过程中，有多种纳税方案可供选择，不同的纳税方案会起到不同的效果，恰当的纳税方案可以有效维护企业利益。企业在税收筹划制定中，必须事先对企业的整体情况有一个全面的了解，然后尽可能选用适合自己的方案使企业能够在合法的情况下，避免缴纳不必要的税款，通过这种方式可以有效降低企业的运营成本，提高企业经营效益。通过开展税收筹划工作，可以使企业在合理合法的情况下，完成纳税义务，履行自己的社会责任，进而为推动国家发展作出积极的贡献，也可以为企业获取更大的经济效益提供良好的保障。所以，企业的财务管理目标与税收筹划目标存在高度的一致性。

企业的财务管理与税收的筹划的根本对象基本一致，为了确保企业能够灵活周转资金，企业财务管理部门要对企业的各项业务进行事先规划，其中包括企业的产品生产、销售活动安排所涉及的各类资金支出与预算。纳税是企业必须完成的义务，这对企业的资金调用形成了一定的限制，而极大地增强了企业资金运用的灵活度，对于企业来说，纳税是一种强制性的义务，会使企业面临一定的经济负担，背上重大的经济负担。再者，企业的财务管理力求在税收的投入上保持更小的力度，减少企业的税收支出，保证企业自身的经济利益。而税收在很大程度上是根据企业的资金收入来划定的，在根本对象上，其二者的目标是一致的。通过税收筹划，可以使企业合理避税，从而在一定程度上减轻了企业的经济负担。所以，企业的财务管理与税收的筹划的根本对象基本一致。税收在企业务管理中处于不可缺少的地位。对税收的管理，是企业必须考虑的问题之一。企业在财务管理中，要求对税收做出一定的规划，保证企业自身的经济利益和企业营业亏损额。税收在企业财务管理中不可缺少的地位，同时说明了企业对税收的重视。另外，我们还应该正确认识税收征收和避税的不同。虽然税收在企业中处于重要的地位，税收和避税存在不同，其目的是一样的，都是为了能够减轻税负。但是税收筹划却不会影响到税收的正确合理发挥，不会影响税收在我们身边的形象和作用，而避税确是严重与国家规定相违背。我们必须承认，税收在企业财务管理中运行必须有一定的约束。一旦税收的天平不明确、制度不完善，税收筹划很有可能转化为偷税漏税，违反国家的规定和要求。企业的财务管理作会受到税收的严重影响。宏观经济应尽到其自身所应该履行的义务，这是企业对国家的所承担的责任，也是企业管理资金的一种有效方式。通过规模扩张，可以提高企业的经济效益，但是这种规模扩张必须在符合相关法律的条件下进行。通常情况下，企业为了获取更多的经济效益，除了进行成本控制以外，还会为投资留有一部分资金。在不考虑企业资本结构、负债资金利息的情况下，税收政策的变化是制约企业财政的重要条件。税收政策变化会对企业税收产生一定的影响。而这种影响主要表现在三个方面：第一，增值税转型的试点；第二，政策变化会影响到消费税的调整；第三，税收政策的变化会影响到企业统一内外资金的税收。消费税的变化会对企业的财政管理造成一定的影响，消费税的增长，会使企业的运营成本增加，这会对企业的整体税率情况造成一定的负面影响。再者，利用好企业财政中优惠税率如果能好好地对企业进财政统计，这就要求企业能够对优惠税率进行充分利用，在不触犯相关税法的前提下，有效提高企业所获利润。国家政府为了促进本国企业发展，会经常推一些税率优惠政策，但是每次政策的推行都是有一定依据的，这就要求企业在日常运营管理过程中，必须加强对税率的关注。通过降低税收，可以极大地促进中小企业的发展，而且，这也非常符合中小企业的实际需求。国家政府通过对相关政策法规进行贯彻落实，降低对中小企业的税收额度，从而降低企业发展压力。通过这种方式，必定会使我国社会经济迎来一个新时代。纳税是现代企业必须履行的义务之一，这是对社会负责，而税务处理是企业财政的重要组成部分，所以，企业财政必定会与政府税收存在着复杂的关系。政府部门通过调整税收政策，可以对企业的财政工作产生非常大的影响。恰当的税收政策不仅可以提高企业的经济效益，而且能够推动国家经济的发展。

参考文献

［1］刘慧.企业税务管理问题探讨［J］.财经界：学术版，2013（4）：222，224.

［2］严伟林.基于企业视角下的税收筹划研究［J］.特区经济，2012（10）：267—269.

［3］徐太文.税收筹划的意义和方法［J］.阜阳师范学院学报：社会科学版，2007（2）：86—88.

［4］周开君.税务筹划的价值与风险［J］.经济导刊，2010（10）：94—96.

［5］郭建生.从税收筹划到税务管理的转型［J］.当代经济，2016（6）：50—51.

［6］Auerbach，A.J.，& Kotlikoff，L.J.动态财政政策［M］.剑桥大学出版社，2008.

［7］Tanzi，V.，& Zee，H.H.发展中国家的税收政策［M］.国际货币基金组织，2000.

［8］Keen，M.，& Kim，Y.（2008）.《石油和矿产税收：原则、问题与实践》.路透社。

［9］Bird，R.M.（2016）.《税收与发展：比较研究》.路透社。

［10］Mankiw，N.G.，Weinzierl，M.，& Yagan，D.（2009）.理论与实践中的最优税收.《经济视角杂志》，23（4）：147-174。

［11］Sørensen，P.B.《衡量资本和劳动的税收负担[M].麻省理工学院出版社.2010.

［12］Boadway，R.，& Shah，A.财政联邦主义：多层治理的原则与实践［M］.剑桥大学出版社.2009.

［13］De Mooij，R.A.，& Keen.税收与金融危机［M］.国际货币基金组织，2013.

［14］Slemrod，J.为什么人们缴税：税收遵从与执行［M］.密歇根大学出版社，2012.

［15］McLure Jr，C.E.为印度改革增值税：回顾与展望［M］.牛津大学出版社，2011.

［16］黄桦.税收学［M］.北京：中国人民大学出版社，2006.

［17］杨立新.我国收入差距中基尼系数反馈效应变异原因探析《当代经济研究》［J］.2006（9）.